普通高等学校学前教育专业系列教材

幼儿园区域环创指导

主　编　王　秋

副主编　徐　银　蔡星玥　黄　菲　胡　冰

编　委　周秀翠　胡丽琴　孟斯宇　彭　鹏　刘肖霞
　　　　　郑小瑜　陈　兰　赵敏怡　李雪梅　邓彩燕
　　　　　孔春苑　湛建霞　黄卉艳　黄　晋　逯丽丽
　　　　　杨一村　张少茜　曾文欢　江丽红　胡景琳
　　　　　龚清苑　周春英　汤音平　蓝　澜　房丽娜
　　　　　王　红　钟结华　荆　杨　邱琼晖　朱　疆
　　　　　陈彦铭　庄玉红　黄楚婵

复旦大学出版社

内容提要

本书荟萃了幼儿园班级区域环境创设的各个方面，分成基础篇、常规区域篇和特色区域篇三大部分。基础篇概要介绍班级区域环境创设的概念、原则和策略，以及各种区域的功能和特点；常规区域篇介绍语言区、数学区、美工区、音乐区、益智区、表演区、角色区、科学区和建构区九个常规区域的创设和指导，特色区域篇介绍木工区、生活区、户外建构区、棋艺区、刺绣区、烹饪区、种植区和茶艺区八个特色区域的环创方法，每个区域都从区域布局特色、区中区功能划分、材料投放原则、幼儿各年龄段该区域发展目标等几个方面，通过大量的图片及活动案例（含38个参考视频），给出分析，提出实践性的操作指导，最后提出进一步的思考。

本书兼具理论梳理与实践提高两方面，适合大专院校学前教育专业作教材使用，同时对幼儿园教师进行班级各个区域的环境创设也有积极的指导和参考作用。

序

叶平枝[①]

看到这样一本注重幼儿园实践的新书,确实感到高兴。因为作为职前教育阶段,我们比较重视理论的介绍和原理的揭示,习惯从比较理想化的视角讨论幼儿园环境应然状况。但是,怎么从应然到实然、从理论到实践,应该说是很不清晰的。学生到了幼教一线,理论和实践难以融合。带学生实习的过程中,我经常会看到实习生帮助老师做环创,为什么要这样做呢? 学生往往懵懵懂懂,加之很多老师在大学里教过《幼儿园环境创设》这门课,理论部分游刃有余,实践部分就力不从心了。由于涉及区域环境创设的内容较少,仅仅是一些原则性的东西,如区域如何规划、美工区水源的接近,安静区和活动区的分开,等等。如果仅仅按照那样的知识系统进行教学,是难以胜任区域环境的创设和改进的。

理论和实践不是指导和被指导的关系,需要相互学习相互促进。亚里士多德曾将人类的活动分为理论领域、实践领域和创制领域。理论指一种沉思活动,是对世界原因和原理的认识,是一种高级的活动形式。职前教育的大多数教师比较擅长理论的讲授,但是理论可以解释世界普遍性及其原理,却不能有效解释世界的特殊性和人的行为,如不能很好进行学前教育实践。理论旨在求知,发现世界的客观存在;实践旨在求好,如何能够理智、幸福地选择和生活。获取知识是理论的追求,而变得更好则是实践的诉求。如何规划区域、投放区域材料、观察幼儿在区域中的表现和发展,既要有理论的指导,也要有实践的考量,其中的选择和提升都是实践所关心的东西。从某种程度上来讲,两者殊途同归,有了理论的指导,实践更能够深谋远虑地"求好",让幼儿获得理想而长远的发展。这就是亚里士多德非常强调的、持久向善的深谋远虑。没有实践,理论则束之高阁;没有理论,实践的"求好"也难以持久向善和深谋远虑。

理论需要实践化,实践需要理论化。也正是如此,我和王秋老师经常切磋,并被她的学习精神感动。她喜爱读书,喜欢跟高校教师、研究生讨论,喜欢自掏腰包满世界学习,不仅仅是学习学前教育,而且教育学、心理学、法学、管理学、教育政策学等都学。她是学前教育专业本科生,同时还拥有法学学士学位,但动手能力不太强,环境创设应是一个弱项。不过,她能不断挑战自己,增益己所不能,认真研究幼儿,反思孩子的发展与环境之间的关系,琢磨如何给孩子创设快乐成长、长远发展的环境,逐渐把幼儿园环境创设从弱项变成自己的强项。

王秋老师所在幼儿园的环境创设也有一个发展过程。第一次去参观的感觉是:幼儿是环境的主人,理念先进,材料丰富,但布局拥挤,材料有些无章。之后每次去都有新的改变,从建构区的探索,到木工区的研究,再到烹饪区的改造;从环境的拥挤和狭小,到环境舒展

---

① 叶平枝,广州大学教育学院教授、博士生导师。

和进退自如,再到室内外环境的有机结合;从追求幼儿自由快乐学习,到围绕主题与幼儿一起进行深度学习,他们一步一个脚印,把一所巷子里的幼儿园变成了一所名园。每当她专注地观察幼儿,神采飞扬地描述幼儿的想法和做法时,都会让人由衷地感动。这样挚爱幼儿,对事业不懈追求,不就是亚里士多德所说的持久向善的追求和深谋远虑吗?

本书的特点,表现在如下几个方面:

1. 可操作性强。读者通过环境创设的照片和做法就能上手操作,并且在操作过程中体会环境对幼儿发展的影响。操作性不是为了操作而操作,如为幼儿做环创的时候,由于主要考虑到美感和童趣,强调手工和教师的作用,而忽略了环境是幼儿园重要的潜课程,好的环境是互动性和发展性的,幼儿是环境的主人,对环境也具有决定权和改造权。基于这样的思考,他们发现了诸多问题,如环境的主题不鲜明、单纯地堆砌材料、环境只是摆设和装饰,以及空间使用不合理、区域划分不合理、材料投放不科学、环境内容缺少交互性等问题,并从解决这些问题的角度探索区域环境的创设,体现教育的合规律性、合目的性,可使学习者直观清晰地掌握环境创设的方法。

2. 区域环境创设丰富而全面。书中有常规区域环境创设,也有特色区域环境创设。常规区域包括语言区、数学区、美术区、音乐区、益智区、表演区、角色区、建构区和科学区,特色区域包括木工区、生活区、户外建构区、棋艺区、刺绣区、烹饪区、种植区和茶艺区,这些区域基本涵盖了幼儿园创设的主要区域,学习者只要根据图文并茂的提示和指导,就可进行相应的区域环境创设。

3. 启发性和拓展性。书中提供的范例不是让学习者依样画葫芦,而是参考和借鉴。学习者可在本书提供的范例和指导中体会区域环境创设的实践智慧,然后以智慧启迪智慧。学习者在学习过程中,既要有理论的沉思和对原理的理解,更要努力增长实践智慧,把理论实践化。在进行区域环境创设时,首先要有一套知识和信念系统,一类知识来自于我们所学的各门学科,如系统的教育学和儿童发展知识等,一类来自于日常积累起来的知识。只有具有一整套这样的理论和信念系统,才能从本教辅的区域环境创设中举一反三、触类旁通。

教育理论和教育实践的关系不是上位指导和下位应用的关系,常常是复杂的相互促进和相互生成关系。相信学习者在本书的帮助下,会更好地把理论与实践相结合,以开放的心态,好学上进的学习精神和反思能力,不断进步成长,逐渐成为一个具有教育智慧的幼儿教师。

2020 年 3 月 25 日

前　　言

大部分高职毕业生和幼儿园新手教师,往往会对区域环境创设产生迷茫。在区域环境创设时通常会出现许多问题,如:环境的主题不鲜明;单纯地堆砌材料,环境创设成为摆设和装饰;空间使用不合理,没有做到合理的区域分配;材料投放缺乏科学性,环境内容缺少交互性,幼儿难以从中获得学习经验和实际操作体验等。为何教师对区域环境的创设无从下手?究其原因,多数因为教师对区域材料的投入、区域空间的布局和促进幼儿学习氛围的环境创设不够了解。

针对班级区域环境创设实践中遇到的问题,广东省王秋名师工作室和广州市王秋名师工作室团队共21名学员,以班级区域环境创设为课题,进行了一系列的教学实践,并将探究成果进行梳理归纳,集成此书。本书共分成基础篇、常规区域篇和特色区域篇三大部分。

基础篇。介绍区域活动的概念与特点、区域环境创设的原则与策略,并论述各类区域环创的概念、功能和要求,为幼儿园有效进行班级区域环境创设提供了理论依据和框架指导。对于刚接触幼儿园班级区域环境创设的初学者有一定的学习参考价值,对有经验的一线幼儿园教师,也能从中获得新的启发。

常规区域篇。介绍了语言区、数学区、美工区、音乐区、益智区、表演区、角色区、科学区和建构区九个常规区域的环境创设方法。每个区域以最基础的空间布局展开,详细说明了不同区域的功能与幼儿的学习目标,对材料的投放以及在实际操作中的注意事项都作出了详细的要求。最后给出了活动案例和视频作为参考,让幼儿教师可以快速上手,掌握实用的幼儿园常规区域环境的创设方法。

特色区域篇。介绍了木工区、生活区、户外建构区、棋艺区、刺绣区、烹饪区、种植区和茶艺区八个特色区域。这些特色区域,从区域布局、材料投放、材料介绍、活动案例和扫码视频等诸方面,多角度、全方位地给出了具体的操作指导意见,满足了幼儿教师进行特定教学主题的区域环境创设上的需求。同时,大量的图片和活动案例,以及后续给出的理论分析,也为一线教师提供了环境创设的思路,有助于初学者根据实际做出独具特色的区域环境创设。

本书全部案例均来自一线教学实践,丰富鲜活,具有实际参考价值。针对目前在区域环境创设中遇到的问题,本书给出全面细致的指引,并通过文中所述举一反三。每个区域中的活动不是单一的,而是丰富多彩的,可以有不同的主题。例如,从语言区的听、说、读、写四个方面的功能出发,根据功能情况可划分不同的区中区,开展视听、故事表演、阅读、自制图书、图书修补和书写等内容;角色区则根据活动主题内容的不同,可设置娃娃家、小医院、超市和餐厅等区中区。

此外,各个区域环境创设都是为了促进幼儿在健康、语言、科学、社会和艺术这五大领域的核心经验的发展,各区域活动相互联系、相互融合,如在各个区域中都有促进幼儿语言能力发展的活动。表演区虽然是一个单独的区域,但是语言区、角色区也都会有与表演相关的活动内容。另外,对于一些独具特色的活动,则单独列为一个区域,如茶艺活动和烹饪活动,都属于生活区活动,但是因为茶艺活动和烹饪活动有其独特性,需要单独的空间,因此会在特色区域进行单独介绍。

在此,特别感谢广州大学教育学院博士生导师叶平枝教授,叶教授从专业的学术角度提出了很多观点,精心指导编者在进行区域环境创设的实践工作。通过与叶教授的交流探讨,编者从大量的经验中提炼出结论,为本书奠定了学术基础。

感谢来自广东省十五所幼儿园的所有工作室学员的支持。本书涉及案例中的场所,很多来自于编者与工作室学员的所在单位,正是他们的大力支持,这些区域环境创设的实践活动才得以进行,为本书的编写提供了大量的宝贵素材,编者才得以在若干案例中精选出普适性强、易于操作的指导案例,感谢大家的执着与付出。

第一次参与教材的编写,难免存在纰漏,欢迎大家批评指正。编者会继续在幼儿园区域环境创设领域进行探索与创新,做出更具有实际指导意义的环境创设方案,为在幼儿教育一线的入门者提供帮助,也为学前教育的"去小学化"做出一份努力。

王秋

2020 年 3 月 31 日

目　　录

基础篇

班级区域环创概述

基础一　区域活动

　　游戏区是幼儿园重要的组成部分,在幼儿园教育教学活动中通过区域的各种主题环境的布置,为幼儿创造活动空间,能让幼儿巩固原有知识经验,又能为幼儿带来新的体验。在不同的区域活动中,可以不断地激发幼儿学习的积极性和主动性,从而培养幼儿的各种能力,促进幼儿的全面发展。[1]

一、区域活动背景

　　区域活动作为幼儿园课程实践的形式源起于欧美国家的开放教育,最早在20世纪70年代传至我国台湾地区。自20世纪90年代以来,区域活动逐渐在我国大陆地区的幼儿园中得到发展。

　　1996年正式实行的《幼儿园工作规程》(下称《规程》),明确提出"幼儿园要创设与教育相适应的良好环境,为幼儿提供活动和表现能力的机会与条件",并要求"应因地制宜地为幼儿创设游戏条件(时间、空间、材料)"。该《规程》的贯彻与落实,极大地推动了游戏活动及其区域环境创设在幼儿园教育实践中的开展;2001年,《幼儿教育指导纲要》(下称《纲要》)得以颁布和实施,以幼儿活动为中心的课程教育理念得到进一步强化和落实,更加推进了我国幼儿园对于区域环境创设实践的深入;2012年我国发布并实施《3—6岁儿童学习与发展指南》(下称《指南》)中,更是强调加强区域环境创设和开展幼儿自主游戏活动。[2]

二、区域活动概念

　　幼儿园游戏区,又称作区域、区角、活动区、学习角等。在其中开展的活动是教育者以幼儿感兴趣的活动材料和活动类型为依据,将活动室的空间划分为不同区域,让他们自由自主选择活动区域,在其中通过与材料、环境、同伴的充分互动而获得学习与发展。[3]

三、区域活动特点

(一)自主选择性

　　区域活动一般采用让幼儿自己选择游戏的组织形式,注重让幼儿自由地开展游戏活动,充分发挥幼儿游戏的自主性,在主题的确定、玩具的投放和选择、玩伴的寻找、语言的使用等等活动的各个环节,都需要幼儿自由自主地去完成。

(二)教育价值性

　　区域活动的教育价值性。首先,主要体现在幼儿在游戏的过程中对材料的操作选择上,不同的材料应该有不同的操作方式以及使用方式;其次,区域活动的教育价值性体现在儿童的对区域规则的遵守上,这会直接影响儿童跟同伴的交往方式和能力。

(三)直接操作性

　　区域活动需要幼儿的具体实践活动才能实现它的教育价值性。区域活动以为幼儿自主的动手操作与直接的行动参与而提供场地与材料的支持为根本职责,在根本上,区域活动的第一原则应该是操作性原则[4],并且要最大限度地为幼儿获得身体力行的直接经验,在这其中教师主要通过一些区域环境的创设,材料的投放等方式参与幼儿的直接活动,并且有可能间接地影响幼儿。

(四)组织性

　　在区域活动中,幼儿通常以组织的形式展开游戏,分成几个小组,并且同伴之间相互影响,这种形式

① 成荣荣.论幼儿园区域环境创设的重要性[A].教育部基础教育课程改革研究中心.2018年"区域优质教育资源的整合研究"研讨会成果集[C].教育部基础教育课程改革研究中心:教育部基础教育课程改革研究中心,2018:2.
② 丁海东.当前幼儿园游戏区域创设的趋势与特点[J].齐鲁师范学院学报,2017,32(06):1—7.
③ 冯晓霞.幼儿园课程[M].北京:北京师范大学出版社,2014:259.
④ 丁海东.当前幼儿园游戏区域创设的趋势与特点[J].齐鲁师范学院学报,2017,32(06):1—7.

既可以让幼儿勇敢地表现自我,同时又为幼儿提供同伴学习与交往的机会。①

（五）启发性

幼儿园教育过程中运用区域游戏活动的时候,老师应该充分关注区域游戏活动的启发性和引导性。通过老师的积极引导和启发,帮助儿童建立良好的课程知识体系,建立相应的知识框架;同时以区域游戏活动为核心,进行知识的扩展与发散,开阔儿童的知识视野,突破既有的学科界限,提高儿童的综合实践能力。

（六）开放性

在幼儿园区域活动环境的建设与探索中,要充分实现幼儿自主学习和自主游戏,所以,应该放弃封闭式设计区域活动环境的方法,体现幼儿真正的自主学习与游戏方式,区域活动中幼儿要有更多的宽松和自由以及解放的空间,增加和提升区域中开放性问题发生的可能和比例。②

四、开展区域活动的价值

《指南》指出游戏是幼儿最基本的活动,在区域活动中,幼儿能选择自己喜欢的游戏、区域、材料、游戏伙伴和游戏方法。幼儿可以将生活中的直接经验与区域活动中的经验联系在一起,使得幼儿有更强烈的感知能力,在学习模仿中塑造自身行为。③同时在区域活动中教师的游戏性评价,更容易让幼儿获得成功和满足感。

案例 0-1

在教幼儿画花朵时,告诉幼儿,谁画得最漂亮,就会吸引蝴蝶来跳舞。幼儿立马会发挥自己的能力来绘画,教师根据幼儿的绘画结果,在评价时,直接将之前捏好的蝴蝶橡皮泥送给幼儿,送的数目可以不同,并对数目多的幼儿进行表扬:"看你画的花朵可以引来这么多只蝴蝶来跳舞呢。"对数目少的幼儿进行鼓励:"不错,你还可以画出更漂亮的花朵,吸引更多的蝴蝶呢。"教师可以多采用这样的评价形式,使幼儿通过作品所得的评价,产生成功感和满足感,并且会继续努力,积极投入到下一环节的绘画中。④

---

① 张凤敏.幼儿园游戏区规划与指导[M].华东师范大学出版社,2017,07.

② 丁海东.当前幼儿园游戏区域创设的趋势与特点[J].齐鲁师范学院学报,2017,32(06):1—7.

③ 陆佳衡.浅析幼儿园区域游戏的作用与策略指导[J].才智,2019(27):144.

④ 周惠珍.谈幼儿园小班游戏化教学在美术区域的开展与实践[J].才智,2018(16):3.

基础二　区域创设的原则与策略

《指南》指出,幼儿的学习是以直接经验为基础的,要创设丰富的教育环境,最大限度地支持和满足幼儿通过直接感知、实际操作和亲身体验获取经验的需要。区域,作为幼儿园组织与开展幼儿自主游戏和学习,所仰仗的物理空间与情境依托,遵循并适应于幼儿的学习特点与方式。

一、区域创设的原则

创设高质量的区域环境,需要教师遵循以下几个原则:

(一) 尊重幼儿的差异特点,制定合理的教育目标

幼儿园区域活动的开展过程中,要根据幼儿园的具体特色、班级的实际水平、幼儿的年龄、性格、个性差异等等具体开展。与此同时,教师作为引导者,在进行区域活动时,要制定合理的教育目标,将教育目标合理地运用到幼儿的区域活动中。幼儿所需要的区域活动游戏区是一个自由的、可操作的活动空间,可以满足其随意探索、创造或装扮的愿望。

教师与幼儿园要有更多的互动。在幼儿园教学过程中,教师是倾听者、观察者、学习者、陪伴者等,教师要了解幼儿的真正的需求和兴趣所在,培养幼儿主动探索问题的能力。教师要利用好孩子们的好奇心,吸引幼儿进入区域,同时老师在这个过程中要给予幼儿自由发挥的机会。

案例 0-2

在创造性区域中带领大班孩子进行"小熊猫医院"的游戏,这个游戏非常符合大班孩子的发展特点,他们喜欢在情景中去游戏,并且对生活有一定的接触,对大人的生活充满好奇,因此在这个游戏中可以让他们充分地发挥想象、自我探索。而我作为老师,首先我会请孩子们回忆生活中关于医生、护士、病人的相关经验,引导幼儿扮演"医生""病人""护士","医生"要怎样给"病人"看病,还要告诉"病人"怎么治病,"病人"也要跟"医生"互动,告诉"医生"哪里难受,"护士"要如何护理等。而我呢就充当"病人"在各个小"大夫"之间进行相应的引导,幼儿的各种的表现都是对直观经验的反应,非常有趣。孩子们像小大人一样嘱咐"病人"多喝水、饭前要洗手等,各种生活中的卫生习惯、要求,在这个游戏中都重温了一下。我也相信,通过这个游戏之后,幼儿对自我的要求也会有所提高,并且也满足了幼儿内心的成长需求与渴望。[1]

(二) 场地选择的安全性和适宜性

在区域场地选择的过程中,环境安全应该成为我们关注的首要问题。无论是在区域场地的选择,区域规划的大小,还是区域柜的摆放,都应该以保障幼儿的安全为前提。如,若区域集中在课室中间,将阻碍幼儿的通行,极易使幼儿之间、幼儿与区域柜、桌椅之间发生碰撞;区域大小和幼儿人数应该相匹配,区域过大不利于幼儿社会性发展,区域过小容易引发幼儿间的冲突;区域柜的摆放不易靠走廊或者阳台外侧,以免幼儿攀爬。

(三) 环境创设的参与性和共建性

区域环境的创设不仅指投放相应的材料,还有区域牌的创设、区域规则的设置、材料操作表和作品的呈现。其教育性不仅存在于材料里,也蕴含于环境创设的过程中,是幼儿园教育活动的重要组成部分。秉着尊重幼儿的原则,教师在环境创设的过程中应该给予幼儿表达想法的权利,倾听和采纳幼儿的建议,共同绘制区域牌,制定区域规则,规划作品展示的空间。这样既满足了幼儿的表现欲,发展了幼儿

---

[1] 刘丹丹.浅谈幼儿园创造性区域的创设[J].课程教育研究,2019(23):16—17.

的动手操作能力,也增强了幼儿的主人翁意识。一句话,区域的环创由教师和幼儿共同完成。

(四)材料投放的层次性和及时性

在进行区域活动的过程中,投放材料是非常关键的。材料的投放主要体现在重要性和复杂性上。其重要性表现在:若材料较少,教学活动就无法开展;其复杂性表现在:所投放的材料必须能引发幼儿的兴趣,同时还要符合教育目标的要求。此外,在区域活动材料在选择上要具有探究性,选择材料时要从幼儿本身出发,符合幼儿的个体差异特点。最后,材料要具有引领性,教学材料应该符合幼儿实际操作能力,能够让幼儿达到自主学习的目的。①

区域材料的投放既要适应于幼儿的年龄特点,又要满足其个体差异,同时还应追随幼儿的兴趣和需要而有所增减。如数学区,小班幼儿点数的操作材料应该在 5 以内,而大班则要达到 10 以内的点数;中班语言区,既要提供听故事的机器,也要提供故事创编的材料以满足语言表达能力较强、创造力较丰富幼儿的需求。当然结合幼儿兴趣增长点,投放与幼儿知识经验相关的材料更能激发幼儿学习的积极性。如幼儿午餐后散步时喜欢玩踩影子的游戏,那么教师可以在科学区投放手电筒和不同形状的物体,让幼儿观察物体在灯光照射下影子的形状,并进行配对。

二、区域创设的策略

(一)根据区域特点,合理规划场地

在活动区域的设置上,教师应该根据具体的儿童的兴趣和发展需要来决定活动区的种类,应尽量满足儿童认知、情感、社会性、语言、动作技能等多方面的发展需要。

案例 0-3

在《我们的生活》的区域活动时,我就设置了表演区、益智区、图画区等。为了吸引幼儿的注意力,激发他们的探索欲望,我精心地设置了各个区域之中的内容。在表演区,我设置了不同的生活场景并鼓励幼儿大胆地扮演其中角色。比如:有的幼儿喜欢当小医生,我就将一块区域划为诊所并准备了听诊器和挂号牌让他们轮流扮演医生和病人的角色;有的幼儿喜欢给别人设计造型,我就设置了服装店,在店里放置了道具,幼儿可以利用道具为模特设计不同的造型。在益智区,我放了各种各样的积木模型,让一些喜欢搭建房屋的幼儿自主发挥,搭建自己在生活中见到的建筑物。同时,我还准备了彩笔,一些爱好绘画的孩子可以选择在纸上把自己看到的生活用品等画在纸上。在图画区,我准备了各种各样的画册,幼儿可以在画册中看到生活中熟悉的场景。同时,我还将幼儿在益智区创作的作品展示到图画区,幼儿看到自己的作品会有自豪感,探索学习的欲望就变得更加强烈。经过科学合理的布置,幼儿能够在区域活动中轻松获得知识,教学活动的有效性自然而然地得到了提升。②

在规划场地之前,先了解可利用范围(包括走廊、课室、后阳台等等)的结构,做一个平面图。然后以课室中间为点,将需要创设的区域分布在四周,中间位置既方便幼儿通行,又为区域活动"留白",当某个区域人数已满,幼儿可以挑选材料到留白区进行操作。接下来根据每个区域的特点来规划具体位置,如生活区要靠近水源;美工区的涂鸦墙尽量选择走廊或者后阳台;木工区比较喧闹又具有一定的危险性,因此适合相对封闭的位置;建构区要选在活动空间比较大的地方,例如榻榻米等。类似区域可以相邻,有利于区域的联动性,如美容店和理发室。喧闹和安静的区域要分开,以免互相干扰,如表演区和操作区。除了规划位置还要根据每个区可进幼儿的人数来调整其大小,如棋牌区一般为两人对弈,无需太大;木工区一般需要多人合作,则不能太小。

在活动区域的布置方面,应该注意:

1. 干湿分区

如美工区、科学区要用到水,而图书角不需要水,应该将这两个区分开。

① 成荣荣.论幼儿园区域环境创设的重要性[A].教育部基础教育课程改革研究中心.2018 年"区域优质教育资源的整合研究"研讨会成果集[C].教育部基础教育课程改革研究中心:教育部基础教育课程改革研究中心,2018:2.
② 蔡瑞阳.幼儿在前,教师在后——浅谈幼儿园区域活动的几点有效性策略[J].课程教育研究,2019(31):11—12.

美工区

科学区

2. 动静分区

如建构区、表演区、音乐区等属于热闹的"动"区,而图书区、数学区等活动量较小,需要安静,这样两类区最好离得远些,以免相互干扰。

音乐区

表演区

3. 适当的封闭性

如果分区不明显,可能会造成混乱,儿童漫无目的的现象。所以教师要利用各种玩具柜、书架、地毯等现有设施作为活动区之间的分界线。阅读区的封闭程度要高些,而美术区、娃娃家则可以开放一些,以便于取水换水和出入方便。另外,小班幼儿很容易被外界影响,所以需要封闭程度高的环境;而大班则应更加开放性,以利于活动内容的丰富和区域之间的交流。

4. 就近原则

美工区由于经常需要用水,最好离水源近一些;科学区、种植区通常需要自然的户外场地。

5. 空间通畅

教师要合理正确地利用活动室的每个角落,但同时也要保证空间的畅通。建构区、娃娃家等区域活动量较大,最好有一大块宽敞的地方。

种植区

建构区

娃娃家

（二）鼓励幼儿参与，共同创设区域

区域牌的创设和规则的设置既能够增强幼儿对区域的认知，又是保证活动安全、有序开展的前提条件。材料操作表和作品的呈现更是能够极大增强幼儿的自信心和自豪感。

首先，先开展一次区域活动，活动结束后，邀请幼儿讨论在无规则状态下，区域活动过程中所出现的问题，如某些受欢迎的区域人比较多，很拥挤；有幼儿出现抢夺材料的现象；幼儿在某些安静的区域大声喧哗、追赶；个别幼儿不收拾材料等等。针对问题请幼儿商量对策，此时教师要下意识地引导幼儿制定相应的规则，如每个区域规定人数；材料遵循"先拿者先玩，后来者商量"的原则；阅读区保持安静；操作区多动脑；听到音乐收拾材料等等。将幼儿商讨的结果分类、汇总，最后请幼儿画出来。这样的活动形式既培养了幼儿分析、归纳的能力，又激发了其创作的积极性，同时还能够将规则以幼儿理解的形式呈现，更有利于幼儿规则意识的内化。

操作表和作品展现的位置可以请幼儿来挑选，当多位幼儿挑选的位置不一样时，以投票的方法来选择最优位置。当幼儿按照自己的意愿选择了展示架或者墙时，幼儿既能体验成功与学习的快乐，也会更加珍惜和保护自己的作品。

（三）结合活动内容，分层投放材料

幼儿的发展是一个持续、渐进的过程，因此会呈现出年龄和个体的差异性。所以在投放材料过程中，老师们要因材施教，不仅要考虑幼儿的年龄特点，更多地要考虑不同能力孩子的差异，教师投入的材料尽可能展现出不同的难度，让每个孩子都有适合自己的材料进行游戏，让每个孩子都能在自己原有的水平上得到提高。《指南》指出："儿童的发展是一个整体，要注重领域之间、目标之间的相互渗透和整合，我们在区域环境的创设中也应该遵循这样的原则。"[①] 因此，我们在投放区域材料时，完全可以以话题目标为引领，与生活经验相结合，从而实现人与物、人与人的充分互动，让幼儿最大限度获得身体力行的直接经验。[②] 如正逢植树节，教师可以创设"种植区"，在种植区中投放各种种子，并标明种子名称、种植日期，请幼儿每天做好观察记录。随着时间的推移，教师可以逐渐投放刻度尺和放大镜，让幼儿测量植物的长度，看看叶脉的纹路，让他们在种植和观察中真切感受到植物的生长变化。幼儿害怕预防接种，教师可以在"角色区"投放医生和护士的服装以及操作工具，让幼儿在活动中扮演医生和护士，和幼儿共同讨论看病需要哪些用具，医生、护士的职责是什么，我们应该怎么做等问题。让幼儿在游戏的过程中减少对医院的畏惧感，并改变对医生职业的认识。[③]

这样的材料投放不仅与生活经验契合，还激发了孩子们参与活动的积极性和主动性，能让他们在兴趣中学习、探究中发现、操作中提高。[④]

① 谈雷. "指南"背景下幼儿园区域环境的创设[J]. 读与写(教育教学刊),2016,13(09)：268.

② 丁海东. 当前幼儿园游戏区域创设的趋势与特点[J]. 齐鲁师范学院学报,2017,32(06)：1—7.

③ 黄利. 幼儿园区域活动环境创设问题与对策分析[A]. 教育理论研究(第九辑)[C]. 重庆市鼎耘文化传播有限公司,2019：1.

④ 张晓娥. 幼儿园区域活动的创设与指导策略探究[J]. 亚太教育,2019(04)：40.

基础三 各区域概念、功能、特点

本节将从概念、功能和特点三个方面,简要介绍语言区等九个常规区域和木工区等八个特色区域。

一、语言区

语言区是根据幼儿语言发展需求和教育目标,选择课室合适的角落位置,充分利用各类教育资源,有效运用不同的活动组织形式(集体、小组和个别),组织幼儿进行自主选择、探索发现、合作交往,以促进幼儿倾听与表达能力的发展,为阅读和书写做准备的场地。

语言区的功能为:发展幼儿口头语言;倾听与表达的能力;为幼儿今后的阅读与书写做准备;满足幼儿语言能力个性化发展的需求。

语言区的特点如下:

(一)目标的聚焦性

以促进幼儿语言能力的发展为目标。语言区的环境创设和材料的投放,皆以促进幼儿语言各方面核心经验的发展为目标。

(二)内容的适宜性

语言区的创设以《指南》和《纲要》的要求为基础,同时根据幼儿的年龄和发展的敏感期而设置得有所不同。语言区材料形式丰富多样,要满足不同年龄段的幼儿的语言发展特点和目标。

(三)时空的开放性

时间方面,幼儿可根据自己的兴趣爱好和认知水平自主决定语言区活动的时间长短,教师需尊重不同幼儿的个性化需求;空间方面,语言区的各个区中区有机结合,满足幼儿的各方面语言核心经验发展的需要。

(四)参与的自主性

语言区的活动以个别化学习的活动为主。幼儿在自主选择、自主学习和合作探究式的互动性学习中,更有利于其在直观体验中自主建构经验。

二、数学区

数学区是以幼儿数学学习的兴趣需要和能力为前提,结合学前数学教育目标,为幼儿提供充足时间和空间支持幼儿自主探究,学习数学并应用数学解决生活实际问题,积累数学经验的场所。

数学区的功能为:促进幼儿数概念的发展;促进幼儿逻辑思维的发展;提供自由操作的机会,满足幼儿的个体需要。数学区的特点如下:

(一)环境体现宽松自主

教师创设宽松自主的环境,以确保幼儿拥有足够的时间和空间自由活动,让幼儿在轻松快乐的气氛中自主学习。数学区的活动内容一般需要幼儿运用思维安静地进行操作,所以需要在一个相对封闭、安静的区域里进行。因此,数学区的位置基本不与娃娃家、表演区等动作较大、较为嘈杂的区域为邻,避免相互干扰。

(二)环境隐含数学教育目标

数学区环境,教师已经有目的、有计划地将数学教育目标融入其中,并将那些抽象、枯燥的数学知识用形象的场景和实物显现出来,从而让数学更加贴近幼儿的生活,使之具体、形象、可操作,发挥了环境的教育功能。

(三)操作中获得数学能力的提升

使用具体材料或是操作材料辅助教学,是"早期数学领域"常见的教学手段。这样的教学手段是符合发展适宜性原则的。因为它能帮助幼儿将自己的具体经验和数学抽象概念联系起来。也就是说,只有通过对材料的操作,才能更好地获得数学领域相关的核心经验。

（四）材料贴近幼儿生活

数学区是教师有计划、有目的地对幼儿施加数学影响的区域,且学科性较强;同时幼儿是以具体形象思维为主。所以操作材料从幼儿的生活经验出发,才能更好地激发幼儿想玩、乐玩的兴趣和欲望。

三、美工区

美工区是根据教育目标和幼儿发展水平,有目的地创设环境和投放材料,为幼儿提供的一个自由欣赏和创作美术作品的个性化学习的场所。在这里,幼儿按照自己的意愿和能力,选择感兴趣的工具和材料进行创作,或选择喜爱的美术作品体验欣赏,表达自己的所思所想,进行个别化的自主学习活动。

美工区的功能为:让幼儿探索不同美工材料的创意使用;使幼儿体验美术的创意,自由的表达,感受艺术的魅力;提高他们的审美感受力和审美表现力;帮助幼儿学习欣赏和尊重自己和他人的创作,体验成就感和满足感。

美工区的特点如下:

（一）有利于教师关注个别差异,促进每个幼儿富有个性的发展

在美工区活动有目的地创设环境、投放材料,让幼儿按照自己的意愿和能力,选择喜欢的形式表达自己的所见所闻、所思所想,进行个别化的自主游戏和学习活动,使得教师易于观察分析幼儿的兴趣、能力和发展水平,从而进行个性化适宜有效的指导。幼儿通过与环境和材料的相互作用、教师适时有针对性的引导和支持、同伴的合作和分享等,积累审美经验,提升美术表现技能,促进自身个性化发展。

（二）活动内容和材料丰富

美工区活动主要有绘画、手工和欣赏等,按空间布局可划分为绘画区、美工区、艺术欣赏区等。幼儿在玩色、绘画、制作、欣赏等自主游戏中,通过与美术材料、环境的交互作用,在观察、操作、欣赏、发现、想象、表现、创作中激发对美术活动及艺术的兴趣,发现美、欣赏美、表现美、创造美,并获得愉悦和满足。

四、音乐区

音乐区是在一定的空间范围,教师根据幼儿的兴趣、经验等投放音乐相关的活动材料(打击乐乐器、服饰、音乐、道具等),引导和支持幼儿以小组或个别的形式,自主选择音乐活动主题和音乐活动材料,进行探索、发现、发展音乐知识和能力的游戏区域空间。

音乐区的功能为:幼儿在感受、体验和表达音乐中发展综合音乐素养能力;培养幼儿通过音乐的方式表达自己的情感的能力;提供幼儿自主选择和参与的机会,为幼儿主动学习提供更多的可能性。

音乐区的特点如下:

（一）区域目的具有音乐教育性

音乐区能让幼儿在体验歌唱、律动、节奏、欣赏与表演等不同类型的音乐活动中,有效地发展音乐技能,从而全面提升音乐素质及大胆表现的自信心。

（二）区域形式具有多样性

音乐区涵盖让幼儿视听欣赏、演唱、演奏、舞蹈律动、戏剧表演等丰富内容。因此,音乐区的形式多样且灵活,可以作为小剧场、小舞台、时装走秀台等,可以幼儿独自游戏、两人合作游戏或小组合作游戏,由幼儿自主选择和确定。

（三）区域活动具有相容性

音乐区的区中区之间的关联较紧密,区与区之间的共享较多。如表演区可以进行演奏、舞蹈、戏剧表演,还可以进行故事比赛、时装秀、木偶剧表演等。

五、益智区

益智区是投放一些能促进幼儿观察、比较、分析、推理、判断等启发幼儿思考的材料,供幼儿进行操作和游戏,帮助幼儿智力发展的游戏区域。

益智区的功能为:促进幼儿在摆弄操作的过程中发展感知觉;充分发展幼儿的创造力、想象力和思维;锻炼和发展幼儿非智力因素;培养幼儿独立解决问题的能力。

益智区的特点如下:

（一）自由探索和遵守规则相结合

益智区的材料主要包括三种类型:一种是具有自我矫正功能的材料;另一种是发展幼儿想象力和创

造力的构图造型材料。以上两种材料的游戏活动无需教师过多地进行指导,以幼儿自由探索的形式较为适宜。第三种材料则有固定玩法,如各种棋类、扑克牌等,需要幼儿在玩的过程中遵守有关材料的玩法与规则。

(二)具有强操作性

幼儿在益智区中是通过直接接触、动手操作、充分感知、反复体验来进行学习的。大量的操作材料蕴含着很多需要探索解决的问题,例如走迷宫游戏、配对游戏、串珠游戏等能帮助幼儿自行或与同伴一起操作、摆弄、探索、尝试,在不断发现的过程中不知不觉地走进智慧的宫殿。因此,幼儿在益智区的学习兴趣主要来自于材料的强操作性,幼儿的发展更依赖于操作材料后所获得的有益经验。

(三)鼓励幼儿进行创造性的探索

益智区允许幼儿创造性地操作、使用材料。益智区的材料大多具有自我矫正功能或具有特定的玩法,但并不意味着幼儿只能机械地按照某一形式进行操作。

六、表演区

表演区是幼儿通过扮演文学和艺术作品中的角色,抒发情绪情感,创造性地表达对生活及文艺作品理解的游戏区域。表演区的游戏是幼儿以文艺作品为主要线索,根据意愿和理解,通过想象,自由地、即兴式地再现作品而展开的游戏活动,兼具"游戏性"和"表演性"。

表演区的功能为:通过各种表演活动让幼儿享受审美愉悦和创造的快乐;培养幼儿自我表现和创造的能力;发展幼儿对文学作品的呈现及再创造的能力。

表演区的特点如下:

(一)区域活动具有游戏性、表演性和创造性

表演游戏是游戏而不是单纯的表演。表演区是幼儿"自娱自乐"的游戏活动场所,他们的表演是因为"好玩"而发起的。表演的动作以自由、简单的模仿和再现为主,嬉戏、想象、创造行为时有发生,他们在表演中专注于主动、积极和创造的自我表达和表现,沉浸于表演所带来的愉悦、尽兴等多种游戏体验中。

(二)区域活动的内容主要是以文艺作品(故事)为主

表演区游戏内容主要来自于故事或童话等文学和艺术作品,幼儿扮演其中的角色,并运用语言、动作和表情等表演形式再现作品内容。游戏规则受剧本限制,在这里,剧本我们可以理解为故事。而幼儿表演所用的剧本有的是现成的,有的需要教师或幼儿自己根据故事情节编写。

(三)区域活动具有相容性

在创设区域活动的环境时,可因地制宜地把其他区域的相关联因素利用起来,实现教育资源共享。如表演区可以与建构区搭建的"露天舞台"共用一个空间;角色游戏的服装店可以与表演区的道具服装资源共享;美工创意区可以为表演舞台区提供环境创设素材等。

七、角色区

角色区是幼儿通过扮演角色,运用模仿和想象,创造性地反映现实生活的游戏区域。角色游戏是幼儿时期最典型、最有特色的游戏形式。可以分为生活模仿游戏和职业体验游戏两大类。

角色区的功能为:促进幼儿自由地发挥其想象力和创造力;提升幼儿社会交往能力水平;加深对现实生活的理解,丰富幼儿的生活经验。

角色区的特点如下:

(一)角色区具有社会教育性

通过角色扮演,丰富幼儿知识经验、开阔眼界,提高社会交往能力。

(二)角色游戏贴近幼儿生活

角色游戏是幼儿对现实生活的一种积极主动的再现,游戏的内容、情节、环境布置以及材料的使用都来源于幼儿的现实生活。

(三)角色区活动具有相容性

在创设区域活动的环境时考虑区中区之间的关联,区与区之间的共享。如角色区可以延伸到表演区进行表演活动。

八、科学区

科学区是指教师通过投放各种低结构化的材料,使幼儿通过与材料的互相作用,获得物体属性和事

物关系的知识并探索发现客观世界物理经验的活动场所。

科学区的功能为:激发好奇心,探究的积极性和科学探究的精神;发展幼儿逻辑思维能力;培养幼儿用适当的方法表达、交流探索的过程和结果的能力。

科学区的特点如下:

（一）科学探究具有简约性和试误性

幼儿的探究大致会经历"发现问题—假设—探索—得出结论—表达与交流"这样一个不断循环的过程。随着幼儿年龄的增长、方法的掌握、能力的提高,幼儿探究的试误性会降低,探究的目的性会增强。

（二）幼儿运用多种表征方式进行科学探究

幼儿在科学运用各种方式表征,对具体的经验进行总结和复验,从而进一步丰富自己的经验。在持续运用不同表征方式的过程中,幼儿对同一事物的理解更加全面、深刻。

（三）探究中的操作性强

科学区材料较多,操作性强。在这里,幼儿从探索身边的食物开始,观察周围有趣的自然现象,探究物体和材料的物理特性、相互关系和科学现象,通过动手操作,满足了他们探究的好奇心和求知欲,从而真正地理解科学、热爱科学。

九、建构区

建构区是为幼儿提供各种拼插类、积木类、积塑类玩具,以及用自然材料、废旧材料等替代玩具,让幼儿通过堆叠、拼插、组合进行建构游戏的区域。

建构区的功能为:促进幼儿的手眼协调、手部的精细动作和大肌肉活动的协调发展;促进幼儿数学领域关于形状、空间、数量等方面核心经验的提升;发展幼儿感受美、欣赏美和创造美的能力,以及幼儿的想象力和创造力;提升幼儿解决问题的能力和社会交往的能力;提升幼儿关于抗挫折能力、好奇心和专注度等方面的学习品质。

建构区的特点如下:

（一）建构区的低结构材料利于幼儿创造力的培养

建构区提供的材料包括积木材料、积塑材料和废旧材料等,大部分都是低结构材料,如何建构、如何组合都没有固定的答案。幼儿可以运用其创造力,选取合适的材料进行建构活动,创意组合,创作出的作品有无数种的可能。

（二）建构活动需要较大的活动与展示空间

建构活动的进行需要一定的空间要求,建构区内除了放置材料和玩具之外,同时活动面积也需要满足一定数量的幼儿同时参与。在建构区需要构建一个比较舒适的环境,地面空间需要比较平坦以利于搭建和展示。建构活动中,材料碰撞不可避免地会产生声响,为了不给其他区域带来干扰,可以铺上地垫且离需要安静的区域较远。

（三）建构活动中的开放性强

建构活动的开放性表现在以下四个方面:幼儿的认知发展水平的开放性,不同年龄段、不同认知水平的幼儿都可以在建构区中操作、搭建、创作;建构技能的开放性;材料的类型和数量的开放性;参加游戏的人员数量的开放性,幼儿可以单独一个人游戏,也可以进行合作游戏。

十、木工区

木工区是幼儿园根据幼儿身心发展规律,因地制宜,选择安全合理的空间,以提供木质材料及木工工具为主,幼儿自主选择材料和工具并进行钉、锯、凿、磨、钻等操作,以此加工、组装、制作木工作品的区域。

木工区的功能为:培养幼儿的动手操作能力;让幼儿了解木工材料的性质,体验将它们组合成新物体的喜悦;培养幼儿使用简单的工具的能力;让幼儿尽可能使用辅助材料,发挥创造力。

木工区的特点如下:

（一）操作性强

操作是木工区活动最关键的一个部分,动手操作也是幼儿进行木工探究的真正开始。幼儿进入木工区后,开始探索物体和材料,根据已有的生活经验,通过各种动手动脑的方式发现问题,在不断思考和反复实践验证中解决问题。没有了操作,木工区就没有了灵魂。

（二）使用木工工具

木工区与其他区域最大的不同之一是，在该区域中需要使用木工工具进行操作活动。幼儿通过对工具的操作，逐步形成和掌握按、拧、钉、拔、钻、锯等木工技能，并在此基础上进行木工创造的过程。没有工具的支撑，木工活动是无法正常开展的。

（三）隐患性

在木工区中幼儿是要对工具进行规范操作的，如锯床、锯刀、铁锤、铁钉等，一旦幼儿对工具不熟悉或操作不规范是容易发生安全隐患的，对幼儿木工技能、动手能力以及专注力有极高的要求，因此安全指引图和安全教育是必备的。

十一、生活区

生活区是教师充分利用各种资源，与幼儿的现实生活联系起来，投放相应的活动材料，循序渐进地发展幼儿的基本生活技能的游戏场所。

生活区的功能为：促进幼儿培养良好的生活、卫生习惯；促进幼儿生活自理能力的提升；增强幼儿对自我的认知；培养幼儿热爱生活的情感。

生活区的特点如下：

（一）区域目的具有教育性

生活区是通过各种生活模仿性操作与练习，发展幼儿编、系、穿、卷、扣、夹、捏、擦等动作，从而吸引幼儿专注而准确地运用手和眼，接触认识物体的形态特征，学习锻炼生活的技能，大胆地探索与创造，增强和发展智能，使幼儿养成良好的生活、卫生、社交礼仪等习惯的游戏区域。

（二）区域形式具有多样性

生活区包含幼儿的基本动作、自我服务能力、照顾环境、社交礼仪等内容。因此，生活区的形式多样且灵活，可以是幼儿独自游戏、两人合作游戏或多人合作游戏，由幼儿自主选择和确定。

（三）区域活动具有相容性

生活区的活动环境注重区中区之间的关联，区与区之间的共享。如清洁区、材料区、工具区、操作区。幼儿通过熟悉场景，选用喜欢的工具材料，在摆弄中，掌握劳动的技能，解决生活中的困难，与同伴的合作、分享中提高语言表达能力和促进社会性的发展。

十二、户外建构区

户外建构区是指多名幼儿在户外按照一定的计划或目的来组织、操作材质各异的建构材料，使之呈现出一定的形式或结构的活动。幼儿通过对各种材料的搭建（排列、组合、接插、镶嵌、拼搭、垒高等），实现自己搭建的需求及愿望，体验与同伴共同搭建的快乐和成就感。

户外建构区的功能有：促进幼儿手眼协调与精细动作发展；促进幼儿空间知觉与造型、表征能力发展；促进幼儿认知发展；促进幼儿社会性发展；促进幼儿坚持、专注、耐心等良好学习品质的形成；促进幼儿观察与创造能力发展。

户外建构区的特点如下：

（一）大型的、户外的建构游戏

户外建构游戏通常是由全体小朋友同时参与，建构游戏的时间保证有 1 小时以上，场地选择在户外，空间大，给予幼儿更多的自主发展的机会。材料丰富且有层次性，以非结构材料为主，包括纸质材料、木质材料、辅助材料等。同时定期进行小班级的亲子建构和混龄建构。

（二）融合了五大领域的学习

户外建构活动不设非常详细的学习目标，活动方式有无限的可能性，活动结果具有不确定性。户外建构游戏丰富了幼儿的主观体验，发展幼儿动手能力和建构技能。在户外建构游戏中，幼儿沐浴着阳光，发展了体能，激发了探索，扩充了语言，体验着美感……孩子们在游戏中不知不觉地走进各种各样的学习之中。

十三、棋艺区

棋艺区是通过各类游戏棋，把一些适合幼儿年龄特点的棋类游戏有目的地教给幼儿，促使幼儿去联想、分析、判断、推理的区域。

棋艺区的功能为：促进幼儿规则意识的提升；促进幼儿社会交往能力的提升；增强幼儿的注意力、记忆力和观察力,培养幼儿的判断能力、应变能力及计算能力;促进幼儿抗挫折意识的养成。

棋艺区的特点如下:

(一)区域目的:开发幼儿动手动脑的思维能力

棋艺区给幼儿学习各类游戏棋的空间,在下棋的过程中,幼儿必须要经过一系列的分析、判断、推理才能取得胜利。经常进行棋类游戏可以不断刺激脑细胞,发展思维。

(二)区域形式:自由开放性

棋艺区里面的棋丰富多样,幼儿可以选择围棋,两人对弈;可以选择飞行棋,四人对弈;可以坐着来下,把自己当成棋子,在地面上的棋谱上玩。形式是开放自由的。

(三)区域内容:体现各领域内容的融合

棋艺区能把健康、语言、社会、艺术、科学等多个领域内容进行融合。例如:很多棋类游戏在玩的过程中,多伴有儿歌、童谣、数数等内容,这就要求参与游戏的幼儿既动脑又动口才能完成,从而提高幼儿的阅读能力。棋类游戏规则性强,不守规则无法进行,每个幼儿必须按照规则游戏,自觉约束自己的行为,从而培养幼儿的自控能力、忍耐力和合作能力。把棋谱制作成地面游戏,幼儿自身作为棋子,发展幼儿爬、走、跑、跳等动作,不仅能促使幼儿身体技能的协调发展,还能培养幼儿初步的自我保护能力和反应的敏捷性。

十四、刺绣区

刺绣区是借鉴民间传统工艺——刺绣的基本技艺,选择适合不同年龄段的绣绷、针、线和丝带等材料,精选适合幼儿循序渐进的绣法,旨在让幼儿感受民间艺术美,锻炼幼儿的手部小肌肉、手眼协调的能力,提升幼儿的专注力的一种开放式美工区域。

刺绣区的功能为:促进幼儿专注力的提升;促进幼儿小肌肉精细动作的发展和提升手眼协调能力;培养幼儿用艺术的形式表达自己想法的能力;促进幼儿创造力的发展。

刺绣区的特点如下:

(一)弘扬民间传统工艺

刺绣艺术是我国传统艺术的重要组成部分,它经历千余年沧桑不变,以鲜明的民族特色和顽强的生命力向世界展示着它的风采。在幼儿园开展刺绣活动,是对幼儿进行爱祖国爱家乡、继承中华民族优良传统教育的好方法。

(二)以促进幼儿的审美能力和创造能力为主

由于刺绣属于中国的传统文化,在开展刺绣活动中,教师会向幼儿展示一些刺绣的成品,这有助于熏陶幼儿的审美。同时幼儿在自主刺绣中也会以美为标准进行创作,这样幼儿能够发现美,感受美,进而发展创造美的能力。

(三)根据年龄段鼓励创造性的刺绣活动

刺绣区的活动遵循儿童的发展规律年龄特点,坚持循序渐进的原则,根据不同年龄幼儿的特点设定与之相适应的小、中、大班的专项刺绣教育目标,并围绕目标寻找相应的教育方式,真正把刺绣活动融入幼儿的课程和生活之中,鼓励幼儿进行创造性的刺绣活动。

十五、烹饪区

烹饪区是根据幼儿健康发展需求和教育目标,选择适宜的空间位置,充分利用各种教育资源,帮助幼儿认识食材,并对食物进行简单的加工制作,以提高幼儿的动手能力、合作能力、表达能力,养成健康饮食概念和生活方式的综合性实践区域。

烹饪区的功能为:促进幼儿小肌肉精细动作的发展和提升手眼协调能力;培养幼儿热爱生活的情感;促进幼儿安全意识的提升;帮助幼儿建立初步的健康饮食的概念;促进幼儿社交能力的发展。

烹饪区的特点如下:

(一)与健康领域相结合

在烹饪区,幼儿可以参与食物的制作过程,剥、洗、搓、团、捏、拌、切、揉等动作可以使幼儿的小手肌肉得到充分练习,进而提高小手的精细动作和手眼协调能力,提高自我服务能力。在食物的制作过程中,了解各种食物的营养价值,了解健康饮食带来的好处,养成健康饮食的好习惯。

（二）与语言领域相结合

在烹饪的过程中，幼儿通常需要跟老师、同伴进行交流，通过谈论同一个感兴趣的话题，幼儿的倾听水平、表达能力能够得到有效的提高和发展。

（三）与社会领域相结合

在烹饪区，幼儿需要与他人协商、沟通，遇到困难要与同伴一起克服，观点不一致时需要学会倾听和接受别人的意见，甚至妥协、让步。在品尝时，需要懂得基本的进餐礼仪和待客礼仪。在这样的氛围中，幼儿的人际交往能力、合作能力、分享意识均得到锻炼和提高。

（四）与科学领域相结合

幼儿通过清洗环节可以了解蔬果的形态、结构；通过称量、配比可以感受数学在生活中的运用；通过观察和操作可以了解食物在烹调过程中的变化；通过使用烤箱、蒸汽锅、电磁炉等电器产品可以感受到科技产品与自己生活的关系。

（五）与艺术领域相结合

中国饮食文化历史悠久，讲究"色、香、味、形、器"。在烹饪区活动中，教师为幼儿提供自我表现和创造的空间，肯定和接纳幼儿的独特审美感受和表现方式。

十六、种植区

种植区是教师根据幼儿认知发展需求和科学教育目标，选择室内外适宜的空间位置，充分利用各类教育资源，有效运用不同的活动组织形式（集体、小组和个别），使幼儿在自然界和生活中，通过观察、比较、操作、实验等方法，尝试发现植物的特征与生长变化的区域。

种植区的功能为：培养幼儿热爱大自然的情感；促进幼儿仔细观察和记录的能力提升；引导幼儿尊重和珍惜生命，保护环境；培养运用多种感官或方式方法进行探索。

种植区的特点如下：

（一）融入幼儿的生活

植物的生长变化是一个需要耐心照料与等待的过程。幼儿园种植活动在主题教育活动、日常生活活动、自主游戏活动时间均渗透进去，依据幼儿的兴趣与发展需求，引导其探索周围世界，学习科学的方法，为幼儿获得整体关键经验做准备。

（二）活动形式丰富多样

幼儿在种植区可以进行播种、观察、照料、收获等活动，了解植物的生长规律和大自然的现象。在各种形式的活动过程中尝试愉快的播种，细心的照料和收获的喜悦。

十七、茶艺区

茶艺区是教师根据幼儿茶艺的目标和要求，结合幼儿发展水平和需要以及中国的茶艺文化，有目的地创设古朴、幽静、优雅的茶室环境，投放相应的活动材料，幼儿自主选择材料、活动内容和伙伴进行活动的游戏场所。

茶艺区的功能为：培养幼儿动手能力和协调能力；促进幼儿传承中国传统文化；培养幼儿的茶文化礼仪，陶冶情操；促进幼儿科学文化和思维的培养。

茶艺区的特点如下：

（一）文化传承性

茶文化在中国历史悠久，茶从最初的药用到饮用的整个过程，茶文化博大精深，中国南北、东西跨度大，地大物博，造就了中国茶叶品种多样。从古至今，茶文化在兴盛繁荣的唐朝得到极大的发展，在宋朝形成系统，更是有各种泡茶茶具和茶艺活动的出现。幼儿通过在茶艺区进行茶艺活动，潜移默化中了解、学习茶文化，从中了解源远流长的中国传统文化。

（二）行为礼仪的培养与教育

茶艺是将礼仪、礼节、礼貌融为一体的一种艺术活动。茶艺优雅的环境和表演，可以引导幼儿相互尊重、和谐交流，同时学会爱护茶具，轻拿轻放。使幼儿在高雅有趣的茶艺活动中接受中国传统文化熏陶，了解茶文化的基本知识。以"茶礼"为切入点，让幼儿学会"以礼敬人，以礼敬己，以礼敬器，以礼敬水，以礼敬茶"，让幼儿有礼有节，尊重他人。

（三）活动具有秩序感

幼儿期是幼儿秩序形成的敏感时期,在秩序敏感期进行有效的教育可以形成和稳定社会秩序感,帮助幼儿成为"社会人",更好地适应社会。茶艺活动中,茶席整洁美观的设计和布置,茶具井然有序的摆放,规范有序的泡茶过程都是一种秩序感的体现。在整个茶艺表演过程中能够稳定幼儿的情感,提高幼儿的注意力,在愉悦感的基础上体验和形成秩序感。在实际操作过程中,让幼儿建立内部秩序感,从"他律"走向"自律"。

（四）有助于语言能力的培养

环境可以促进幼儿语言能力的发展。在茶艺表演时要求语调轻柔、讲话文雅、语气亲切,同时配合身体语言,如:身体动作、手势、眼神、脸部表情等,能极大地促进幼儿语言能力的发展。

（五）有助于美的培养

幼儿眼睛发现美的能力远远超出成人,幼儿期的审美奠定了人一生的审美品质。茶艺中优雅的动作、优美的音乐、温馨浪漫的花香、可口的茶水让幼儿同时接受视觉、听觉、触觉、味觉上美的体验,在这种环境美、行为美、语言美、仪表美的熏陶下,潜移默化地培养了幼儿发现美、表现美和创造美的能力。

思考题

1. 什么是游戏区?
2. 游戏区有什么价值?
3. 我国当前幼儿园游戏区域创设的趋势与特点是什么?

常规区域篇

常规区域环境的创设和指导

区域一　语言区环境的创设和指导

（一）语言区整体布局的原则

1. 动静区分，互不干扰

语言区有听、说、读、写多种功能，因此应尽量将功能相似的区中区设置在一起，以便幼儿专注于活动之中，减少干扰。如：将需要安静的环境的阅读区（安静专注阅读）、书写区（操作书写）规划在一起；将幼儿间会产生互动交流的故事表演区（声音和动作表演）和图书自制区（交流、创作）规划在一起。

2. 营造氛围，书香温馨

语言区涵盖内容广泛，集倾听、表达、阅读、书写功能于一身。想要语言区的功能得到最大的发挥，需要强有力的情境支持。温馨有爱的书香氛围有利于幼儿的语言学习。因此语言区这一综合性的情境区角环境创设需要用桌布、抱枕、人偶、地毯、沙发、灯和各种形式的布艺品来装饰，营造让幼儿产生亲近感的有家和书香味道的环境。幼儿处于轻松、自由、舒适的语言环境之中，自然会激发幼儿倾听、阅读、表达和书写的愿望。

（二）区中区的布局

1. 阅读区

阅读区是课室中幼儿可以享受书籍，感受阅读的快乐的一个区域。在此区域，幼儿可以独自或与其他幼儿一起看书、读书或创编故事。阅读区可以帮助幼儿了解语言和文字的功能，并通过图文的形式提升阅读理解能力，培养倾听、表达和创编能力。

阅读区实景

（1）学习目标

① 激发对书籍等印刷品的兴趣，了解图书的构成、方向性和阅读顺序；

② 对文字感兴趣，了解不同的文字符号代表的意义不同；

③ 喜欢阅读书籍，能尝试并乐于复述和创编故事。

（2）空间布局原则

① 位置：光线充足的安静角落，除自然光外可以再补充一些辅助照明。

② 情境：设计温馨的可容纳2—6人围坐的区域，可使用方桌、圆桌，或在地面铺地毯，或塑胶组合软垫。另外可补充放置一些舒适的抱枕、毯子和玩偶。

③ 图书：数量上，阅读区最大容纳人数的5倍（如阅读区可以进4名幼儿，则阅读区至少有20本书籍）；陈列方式上，封面朝外，尽量不叠放。

④ 书架及物品摆放：书架采用开架式，书架和书籍上有对应标签，方便幼儿取放；书写工具（白板、白板笔、记录纸、画笔等）应分类储存在收纳盒中，以便幼儿取放。

（3）有效性指标

① 幼儿在阅读区主动"阅读"书籍；

② 幼儿在自主进区的时候会选择阅读区；

③ 幼儿会运用阅读区的道具和材料复述故事或讲故事给别人听；

④ 幼儿在阅读区停留的时间合理；

⑤ 幼儿会在进区以外的时间谈论他们在阅读区看过的书籍。

2. 视听区

视听区是幼儿利用电脑、录音机、点读机等多媒体资源，通过聆听和观看的方式理解故事、歌曲和诗歌等内容的区域。在此区域，幼儿可以独自或与同伴一起唱歌或听故事。视听区可以帮助幼儿学会倾听，提升理解能力。

视听区实景

（1）学习目标

① 能使用电脑、录音机或点读机等工具播放自己想听的内容；

② 认真倾听，理解内容；

③ 能够与同伴交流自己听到和看到的内容。

（2）空间布局原则

① 位置：靠近电源；

② 情境：设计可容纳2人围区域，可使用方桌、圆桌放置多媒体工具，另外为幼儿准备舒适的椅子；

③ 工具：选择的播放设备易操作，并配图文说明操作方法；播放设备最好配合耳机使用，以防打扰其他区域的正常活动。

（3）有效性指标

① 幼儿在视听区能够专注听或看多媒体设备中的资源；

② 幼儿会主动与同伴或者老师讨论自己理解的内容；

③ 幼儿能够对多媒体播放的资源内容进行评价。

3. 故事表演区

表演区是幼儿根据听过或看过的故事，结合已有的生活经验，充分发挥自己的想象，对故事进行重现及再演绎的区域。幼儿在此区域，在轻松愉悦的氛围之中，通过表演的形式展现自己对故事的理解。表演区可以促进幼儿表达能力和创造能力的发展，同时提升幼儿的社交、合作技能。

表演区实景

（1）学习目标

① 理解故事的内容，并能够创造性地使用服装、道具对故事的内容进行演绎；

② 乐于与同伴交流、合作，在表演中承担一定的角色，享受表演的乐趣。

（2）空间布局原则

① 位置：光线明亮，靠近电源，离需要安静的区域有一定距离。

② 情境：设计可容纳4—6人表演的舞台，除舞台布景（窗帘、幕布）外，还需要提供各式道具和各类服装。也可选择人偶小剧场，创设简易小型的平台，容纳1—2人利用手偶、指偶等道具进行创作表演。

③ 道具摆放：衣架的高度适合幼儿，方便幼儿取放；道具种类丰富且分类放入区域盒中并有序地摆放。

（3）有效性指标

① 幼儿乐于在表演区中表演；

自制绘本区实景

② 幼儿经常使用表演区配备的各种服装和道具；

③ 幼儿对自己的表演充满自信；

④ 幼儿在表演区能利用道具创造不同的角色；

⑤ 幼儿能创造性地进行表演。

4. 自制图书区

自制图书区是幼儿根据绘本故事和已有的生活经验，利用纸张画笔等材料进行故事创作并装订成册的区域。在此区域，幼儿可以独自或与其他幼儿一起用画画和符号等形式创编故事，装订成册、制作图书。自制图书区可以促进幼儿表达能力、创造能力和动手能力的提高。

（1）学习目标

① 了解图书的构成，知道图书有封面、前环衬、扉页、正文、后环衬、封底几个部分；

② 能用图画、符号和文字等形式表达一定的故事情节；

③ 喜欢自我创作绘本，并使用工具装订成册。

（2）空间布局原则

① 位置：光线充足且可以讨论的区域；

② 情境：可容纳2—4人围坐的区域，提供方桌或圆桌供幼儿书写，可铺温馨的桌布营造良好的氛围；

③ 范例：呈现自制图书样本和自制图书流程图；

④ 自制图书工具的摆放：书写工具（马克笔、画笔等）、纸张（卡纸、彩纸）和装订工具分类摆放。

（3）有效性指标

① 幼儿乐于在自制图书区进行创作；

② 幼儿能在老师的帮助下或独自完成自制图书的大部分内容；

③ 幼儿会使用装订工具；

④ 幼儿会与同伴或老师分享自己创作的内容。

5. 图书修补区（也称图书医院）

图书修补区是幼儿利用各种粘贴、装订等工具对因使用不当而损坏的图书进行修补的区域。图书修补区可以帮助幼儿提升珍惜图书和正确使用图书的意识，在修补过程中也提升了幼儿的动手能力和合作解决问题的能力。

图书修补区实景

（1）学习目标

① 了解各种修补工具的特性以及使用方法；

② 激发对图书的珍惜之情，意识到需要合理使用图书；

③ 遇到困难时，能与同伴合作解决问题。

（2）空间布局原则

① 位置：空间需求较小，建议设置于阅读区附近；

② 情境：可容纳1—2人，简洁明亮的环境供幼儿修补图书；

③ 指引：有修补图书的流程图说明；

④ 修补工具的摆放：修补工具（透明胶、双面胶、胶座、剪刀等）分类整齐摆放，利于幼儿使用与取放。

（3）有效性指标

① 幼儿可以轻松取放修补工具；

② 幼儿能够简单修补损坏的图书；

③ 幼儿在遇到困难时能和同伴合作一起共同完成修补；

④ 幼儿对修补图书的工作充满自信；

⑤ 幼儿知道不同的修补工具有不同的使用场景。

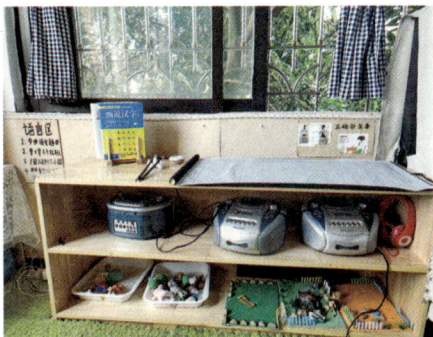

书写区实景

6. 书写区

书写区是语言区环境创设的重要区中区，是幼儿通过游戏的方式感受文字符号的魅力，并使用书写工具书写文字的区域。在此区域，幼儿会在书写和绘画中探索书写材料和工具，然后为了各种目的而书写，或者要求成人帮助书写。书写区可以帮助幼儿逐渐认识并预料到书面语与口语之间是相互联系的，并承载了某些含义，在以游戏化的方式不断充实幼儿关于文字符号的经验后，帮助幼儿更好地使用书面语去表达和交流想法。

（1）学习目标

① 对生活中常见的简单标记和文字符号感兴趣；

② 知道图书中的画面与文字的对应关系，感受辨认文字带来的挑战及成就感；

③ 掌握正确的书写姿势和基本的书写技能,并愿意用图画和文字表达自己的想法。

（2）空间布局原则

① 位置：书写区应考虑光源,宜靠窗,设置在自然光源充足的地方；

② 情境：一般设计可容纳2—4人的区域,必须有够大的空间摆放书写工具和可供书写的桌子。桌椅的高度需要适合幼儿的书写高度。周围的墙面和区域柜可以承担一部分展示的功能,呈现幼儿创作的作品,彼此欣赏和分享经验。

③ 书写工具的储藏：书写工具和纸张分类摆放,数量不宜过多,以防浪费。书写区的供应品会损耗,需要不断及时补充。

（3）有效性指标

① 幼儿在书写区会涂涂画画以及探索书写文字；

② 幼儿在书写文字时表现出探索的欲望；

③ 幼儿能掌握正确的握笔方式和坐姿；

④ 幼儿乐于与他人分享自己创作的作品；

⑤ 幼儿会在进区以外的时间观察身边的文字符号和标记。

语言区环境设计

二、语言区材料投放

语言区的材料投放,教师要根据本班幼儿的年龄特点、兴趣爱好及语言能力水平进行选取,注意材料是否具备层次性、趣味性、多功能性和多样性。

（一）硬件

桌子、椅子、区域柜、置物盘、书架、沙发。

（二）软件

倾听：电脑、录音机、点读机、耳机；

表达：剧场布景、纸偶、手偶、各种小动物和人物公仔,皮影、扩音器、麦克风、音响、服装、道具；

阅读：图书、故事投影仪、字卡；

书写：画笔、毛笔、纸、墨水、砚台、桌布或桌垫,沙盘、订书机、双面胶、透明胶；

装饰：灯、地垫、抱枕、布艺装饰、绿植。

（三）各年龄段语言发展目标及所需材料

各年龄段幼儿语言发展目标

	3—4岁	4—5岁	5—6岁
倾听	◆ 别人对自己说话时能注意听并做出回应 ◆ 能听懂日常会话	◆ 在群体中能有意识地听与自己有关的信息 ◆ 能结合情景感受到不同语气、语调所表达的不同意思 ◆ 方言地区和少数民族幼儿能基本听懂普通话	◆ 在集体中能注意听老师或其他人讲话 ◆ 听不懂或有疑问时能主动提问；能结合情境理解一些表示因果、假设等相对复杂的句子
表达	◆ 愿意在熟悉的人面前说话,能大方地与人打招呼 ◆ 基本会说本民族或本地区的语言 ◆ 愿意表达自己的需要和想法,必要时能配以手势动作 ◆ 能口齿清楚地说儿歌、童谣或复述简短的故事 ◆ 与别人讲话时知道眼睛要看对方；说话自然,声音大小适中 ◆ 能在成人的提醒下使用恰当的礼貌用语	◆ 愿意与他人交谈,喜欢谈论自己感兴趣的话题 ◆ 会说本民族或本地区的语言,基本会说普通话。少数民族聚居地区幼儿会用普通话进行日常会话 ◆ 能基本完整地讲述自己的所见所闻和经历的事情 ◆ 讲述比较连贯 ◆ 别人对自己讲话时回应 ◆ 能根据场合调节自己说话声音的大小 ◆ 能主动使用礼貌用语,不说脏话、粗话	◆ 愿意与他人讨论问题,敢在众人面前说话 ◆ 会本民族或本地区的语言和普通话,发音正确清晰。少数民族聚居地区幼儿基本会说普通话 ◆ 能有序、连贯、清楚地讲述一件事情 ◆ 讲述时能使用常见的形容词、同义词等,语言比较生动 ◆ 别人讲话时能积极主动地回应,能根据谈话对象和需要调整说话的语气 ◆ 懂得按次序轮流讲话,不随意打断别人；能根据所处情境使用恰当的语言

	3—4 岁	4—5 岁	5—6 岁
阅读	◆ 主动要求成人讲故事、读图书 ◆ 喜欢跟读韵律感强的儿歌、童谣 ◆ 爱护图书,不乱撕、乱扔 ◆ 能听懂短小的儿歌或故事 ◆ 会看画面,能根据画面说出图中有什么,发生了什么事等 ◆ 能理解图书上的文字是和画面对应的,是用来表达画面意义的	◆ 反复看自己喜欢的图书 ◆ 喜欢把听过的故事或看过的图书讲给别人听 ◆ 对生活中常见的标志、符号感兴趣,知道它们表示一定的意义 ◆ 能大体讲出所听故事的主要内容 ◆ 能根据连续画面提供的信息,大致说出故事的情节 ◆ 能跟随作品的展开产生喜悦、担忧等相应的情绪反应,体会作品所表达的情绪情感	◆ 专注地阅读图书 ◆ 喜欢与他人一起谈论图书和故事有关的内容 ◆ 对图书和生活情境中的文字和符号感兴趣,知道文字表示一定的意义 ◆ 能说出所阅读的幼儿文学作品的主要内容 ◆ 能根据故事的部分情节或图书画面的线索猜想故事情节的发展,或续编、创编故事 ◆ 对看过的图书、听过的故事能说出自己的看法 ◆ 能初步感受文学语言的美
书写	◆ 喜欢用涂涂画画表达一定的意思	◆ 愿意用图画和符号表达自己的愿望和想法 ◆ 在成人提醒下,写写画画时姿势正确	◆ 愿意用图画和符号表现事物或故事 ◆ 会正确书写自己的名字 ◆ 写画时姿势正确

各年龄段语言区所需材料

区中区名称	材料清单	投放说明		
		3—4 岁	4—5 岁	5—6 岁
阅读区	◆ 图书架、图书箱 ◆ 绘本图书 ◆ 地垫、地毯 ◆ 小沙发、小书桌、坐垫、抱枕、娃娃 ◆ 小帐篷、纱幔	◆ 场景的布置更加富有温馨、童趣 ◆ 投放图画内容简单的绘本图书 ◆ 投放可操作性富有童趣的图书,例如翻翻书 ◆ 根据主题投放相对应的图书	◆ 多投放些图书,供幼儿自由选择感兴趣的图书阅读 ◆ 根据幼儿的兴趣投放相对应的图书 ◆ 根据本班主题和活动内容,投放相对应的图书	◆ 投放更多些图书,供幼儿自由选择 ◆ 根据幼儿的兴趣投放相对应的图书 ◆ 投放图文结合的图书 ◆ 投放认识文字类的图书 ◆ 根据本班主题和活动内容,投放相对应的图书
图书修补区	◆ 图书修补规则、修补步骤 ◆ 图书修补工具:订书机、双面胶带、透明胶带、剪刀 ◆ 操作桌椅 ◆ 破损的图书	◆ 投放破损简单、破损少的图书	◆ 投放破损严重些的图书,供幼儿选择不同的修补工具进行修补	◆ 投放破损严重、破损多的图书,供幼儿根据破损的特点、部位进行修补
视听区	◆ 纸、笔、视听机、收纳盒或架、音乐图书	◆ 投放自然界的声音欣赏、声效欣赏等 ◆ 投放简单的故事为宜 ◆ 纸以 A4 大小为宜	◆ 投放具有情节的故事为宜 ◆ 投放亲子讲故事录音	◆ 投放各类猜测性较强的故事音视频
故事表演区	◆ 储物柜、储物盒、标签、操作桌椅 ◆ 关于“说”的可操作性的教玩具	◆ 投放玩偶、头饰 ◆ 投放故事图片 ◆ 投放“复述”类教具	◆ 投放生活交际化教具,例如“打电话” ◆ 投放简单的幼儿创编故事类教具	◆ 投放多元幼儿创编故事类教具
书写区	◆ 储物柜、储物盒、标签、操作桌椅 ◆ 关于“文字”的可操作性的教玩具	◆ 投放简单图文对应文字材料	◆ 投放图文对应性可操作文字教具 ◆ 投放“我的名字”教具,认识我的名字 ◆ 投放象形文字教具	◆ 投放量词、形容词、动词类文字教具,投放拼字类教具

（四）区中区材料介绍

1. 阅读区

阅读区书架与图书陈列

（1）图画书籍

图文结合的绘本最佳,数量需大于或等于区域容纳幼儿数量的五倍。书架高度及陈列方式适合幼儿观看、阅读与取放。

（2）辅助材料

柔软可移动的枕头、玩偶、新书介绍海报、记录纸、画纸、白板、白板笔、画笔等。

2. 视听区

（1）视听设备

录音机、点读机、扩音器、耳机、有声读物等幼儿可操作的设备。

视听区视听设备：录音机

视听区视听设备：耳机

（2）记录工具

便签纸、彩色笔等。

3. 故事表演区(小剧场)

（1）服装道具

人物、动物服装 8—10 套,包括帽子、披风、眼镜、魔法棒、丝巾、彩带、手偶、指偶和场景板等。

故事表演区服装

故事表演区场景板

（2）乐器

儿童钢琴、鼓、铃鼓、三角铁、敲击棒、手摇铃等。

（3）辅助音乐：扩音器、点读机、卡式录音机等(内含适合幼儿的童话、故事和音乐)。

4. 自制图书区

（1）纸张和笔

纸张可提供白纸、彩纸、卡纸等,笔可提供马克笔、彩笔、油画棒等。

故事表演区儿童钢琴

故事表演区点读机

自制图书区卡纸

（2）装订工具

装订机、透明胶、双面胶等。

5. 图书修补区（图书医院）

修补工具：装订机、固体胶、透明胶、双面胶等。

6. 书写区

（1）各种纸张

图画纸、书写纸、彩色纸、方格纸、宣纸、书法水写布等。纸张需裁剪为合适大小，可单张提供，也可提供一部分装订成小册子的纸张。

（2）各种笔

马克笔、彩笔、油画棒、白板笔、毛笔等。

书写区书法水写布

书写区沙盘

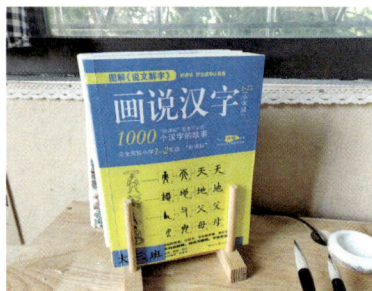

书写区工具书

（3）创意材料

沙盘、电子画板等。

（4）工具书

为幼儿提供可参考的文字书写示范工具书。

语言区活动

案例 1-1 中班自制图书活动

【活动区域】

自制绘本区

【年龄阶段】

中班

【观察记录】

今天又到小朋友非常喜欢的区域活动时间了，进入绘本自制区的小朋友是钟韵菲、馨宝和李晗。

在进区之前，三位小朋友都在区域计划板上计划着今天要画一个什么样的故事，并用画画的形式记录下来。做好计划之后就开始了绘本创作了。馨宝和李晗都选了两张纸。馨宝的故事是关于小朋友和外太空的星星的，李晗的故事是关于小兔子和公主的花园的。

选好纸之后,三位小朋友都认真开始创作自己的故事。画完之后,用老师教的方法,用订书机订两个钉子装订好。馨宝坐着的时候订不成功,后来索性就站了起来,终于把它固定好了。

之后,吃水果的时间到了,李晗开始戴上耳机,请老师打开音响,高兴地给在生活区吃水果的小朋友们讲她刚刚创作的故事:"大家好!我是中三班的李晗。今天我给大家讲的故事名字叫做《小兔子去公主的花园》。有一天小兔子来到了小公主的花园,它看到公主种了很多漂亮的花,它想在这里玩一会儿,就把自己的兔子头盔借给小公主,后来小公主就戴着兔子头盔回家了"。

在水果区就餐的小朋友们吃得可享受了!津津有味地吃着水果,开开心心地听着好听的故事。

【教师反思】

幼儿期是学习语言最敏感、最关键的时期,也是储存词汇最迅速的时期。因此,幼儿期语言的训练值得重视。

语言的学习,除了跟孩子的个体差异有关以外,与语言交往环境也有密切的关系。一个自由、宽松的语言交往环境,可以使孩子养成良好的语言交往习惯。一旦在集体中孩子形成良好的语言学习、交往习惯,就能达到让孩子在良好的环境中想说、敢说、喜欢说、找机会说的目的。

在自制绘本的区域活动中,幼儿虽然不会写字,但是用绘画的形式创作出自己的绘本故事。她所创作的故事内容必然是自己感兴趣的。而且老师也给小朋友们创造了一个轻松,让孩子想说、敢说、愿意说的语言环境,通过"故事有约"这么一个有意思的平台,在愉悦的吃水果的氛围中讲述自己的故事。虽然有的小听众没进绘本自制区,也进一步获得了倾听能力的提高。

自制绘本区的益处不仅仅是提高了幼儿的语言能力,还促进了幼儿艺术创作和欣赏、手眼协调和社会交往等多方面能力的提高。

【活动照片】

绘本剧《雷锋》　　　　　　　绘本剧《丑小鸭》

思考题

1. 语言区的环境创设需要遵循哪些原则?

2. 假设你是一名幼儿园大班教师,当你打造语言区的书写区时会投放哪些材料促进幼儿前书写能力的提升?为什么?

区域二 数学区环境的创设和指导

一、数学区布局

(一)数学区整体布局的原则

1. 提供相对独立的、宽敞的空间

数学区的探索活动需要幼儿运用思维安静地进行操作,所以需要在一个相对独立、安静的区域里进行。因此,数学区的位置尽量不与娃娃家、表演区、美工区等动作较大、较为嘈杂的区域为邻,避免相互干扰。教师可以利用矮柜、架子、桌子、屏风等,在活动室中分割出一块相对独立的、宽敞的空间,利于幼儿摆放材料、进行操作并独立思考,同时也能满足小组学习和互动交流的需要。

2. 利用区域柜、桌椅、地毯等,创设开放程度不同的区域

在数学区域环境创设中,教师可根据幼儿的年龄以及心理发展特征,利用区域柜等,调整数学区空间的开放程度。例如,小班幼儿专注力不高,容易受到周围环境的干扰,因此小班数学区可以组成较为封闭的空间;中班幼儿自控能力增强,具有初步的规则意识,中班数学区可以利用区域柜围成半封闭式;大班幼儿自制力强,求知欲旺盛,动手能力强,教师可为幼儿提供更加开放式空间,让幼儿在独立、自由的环境中自主学习。区域内摆放的桌子高度要符合不同年龄段孩子的身高,最好是方便拆分的,可以根据需要,在小组活动或个别学习时进行组装。另外,中大班可提供一些操作毯,拓展幼儿活动的空间,便于幼儿在操作材料较多时能清楚地展现操作过程,避免互相干扰或同座之间拿错材料。此外,还可以充分利用数学区墙面,将数学操作游戏巧妙设置其中,如设置一些数学闯关游戏等,使幼儿可以自由走动、合作游戏,满足幼儿好玩、好动、好游戏的天性。

3. 依据教育内容,有意义地规划摆放材料

数学区的区域材料摆放以简洁、方便幼儿取用为原则。重点要符合幼儿现阶段发展目标,引导幼儿进行开放式的探究。教师要科学严谨地掌握数学领域关键经验,根据关键经验与数学区域活动目标,合理地设计、制作适宜且匹配的操作材料。将材料按规律,相对集中地摆放,例如:将集合形体相关的材料集中在一个柜子,将数与量的相关材料集中在一个柜子。

(二)区中区布局的原则

数学区根据幼儿年龄特征,以及数学本身的逻辑关系,可划分不同的区中区。最基础和最常见的区中区应包含数与量、空间与形体、逻辑关系三大区,随着幼儿年龄的增长以及经验的积累,可逐渐增加棋奕区、智力游戏区等。

各个区中区应有一定的关联性,同一逻辑概念下的材料应摆放在同一区域柜或同一层级。材料应具有开放性,方便幼儿取用不受阻碍。

区中区可利用可移动屏风、矮柜、小桌子等进行间隔,或者划分不同的操作区域进行区分与连接。

数学区环境设计

二、数学区材料投放

(一)数学区材料投放原则

1. 材料的设计要适应幼儿的"兴趣中心"

幼儿的活动主要不是服从目标,而是服从兴趣和自身的需要,也就是说,幼儿的学习活动主要是由兴趣和需要维持的。"离幼儿最近的才是幼儿最感兴趣的。"幼儿数学操作材料的选择、设计与幼儿密切联系,要贴近幼儿认识水平的活动内容,适应幼儿的"兴趣中心",幼儿看到的、用到的、能理解的都可成为我们操作活动的材料。

例如"喜羊羊卖汉堡包"这一活动的区角材料,就是利用了动画片《喜羊羊与灰太狼》中的人物形象,诱发幼儿参与学习和操作材料。

2. 提供丰富的操作材料,满足幼儿游戏的需求

在数学区域游戏中,我们提供了丰富的操作材料,幼儿在与操作材料的接触中了解各种材料的特征,形成数、形、时空等概念,拓展了已有经验,萌发了幼儿智慧。

如:为了帮助幼儿复习相邻数,设计游戏"找朋友",幼儿在找找、摆摆、讲讲、议议中轻松地掌握了相邻数的规律。在"钓鱼"游戏中,我提供标有数字的小鱼和鱼缸,引导幼儿将钓起的鱼放入比鱼身上的数字大"1"或小"1"的鱼缸内。学习数的分合时,设计"青蛙跳跳盒""图形棋"等有趣的游戏。

在区域活动中设计、提供丰富多彩的游戏材料,为幼儿对新事物的尝试和探索提供了施展的天地,满足了幼儿的好奇心,引发了他们独立思考、提升自己动手操作解决问题的能力。

3. 设计具有层次性的游戏材料,满足不同能力幼儿的发展需要

在数学区投放材料时,应考虑材料与活动目标的关系,材料与幼儿需求的关系,做到有的放矢。教师要从适合幼儿的发展水平,适合幼儿的"最近发展区"出发,为发展水平不一样的幼儿设计具有不同功能、不同难度的操作活动材料,允许他们从不同的起点,按不同的要求、不同的发展速度选择材料,以适应不同能力层面幼儿的发展需要,教师也更好地做到因材施教。

(1)同一区域材料的层次性

例如,在数学区,为了让幼儿掌握"按物体的某一特征进行分类排序",可以设置以下三个层次的操作材料。

层次一:为幼儿提供不同颜色的塑料珠子,让他们学习按颜色特征分类;

层次二:提供不同大小、颜色的花片,学习按颜色、大小特征分类;

层次三:提供大小、颜色、形状不一的几何图形和积木等材料,进一步学习按各种不同特征分类,并在此基础上引导幼儿学习排序。

材料不同,难易不一,才能充分满足不同发展水平幼儿的需要,保证每个幼儿都有机会体验成功,这样才能吸引更多幼儿参与数学区活动。

(2)同一活动材料的层次性

提供材料时,我们会针对每一种材料的价值和玩法,精心分析和研究,对目标要求逐步提高,并使操作难易程度逐步加大,将操作材料分成几个层次,幼儿可根据自己的能力,选择相应难度的操作材料,教师也便与对不同能力的幼儿进行有针对性的指导。

案例 2-1 中班活动《区域计数》

幼儿根据自身能力自选操作卡,按操作卡提示进行摆放,也可进行星级大挑战。可一人玩也可合作玩。

层次一:(难易等级为☆)图形操作圈为两个,数字大小正好够两种图形操作圈独立摆放。

层次二:(难易等级为☆☆)图形操作圈为两个,但两种图形操作圈需交叉摆放及公共区域的计数。

层次三:(难易等级为☆☆☆)图形操作圈增多,难度加大。

在数学活动中,教师注重为不同能力层次的幼儿设计、提供不同难易程度的操作材料,或对同一操作材料提出不同要求,使每一个幼儿都能看到自己的成果,体验成功的喜悦,这无形中增强了幼儿的自尊心、自信心。同时,在操作活动中我们要鼓励幼儿相互合作,相互交流。培养幼儿大胆、开朗的性格,及乐意帮助同伴、愿意与人合作的良好品质。

4. 挖掘生活中的数学材料,激发幼儿自主性学习

挖掘让孩子感到亲切的生活中的数学材料。如孩子外出郊游捡回来的树叶、花瓣、石头,主题活动中带来的各类种子、废旧的瓶子、盒子、纽扣、纸杯、小勺等各种生活用品,都是天然的计数、分类、做式样的好材料,用分类盒进行物体分类操作学习,用易拉罐做算式滚筒,进行加减运算练习;日历、月历是幼儿理解时间的顺序性、不可逆性的天然工具。每天天气情况的记录积累下来的数据(日期、气温、天气情况等),可以用来让幼儿感知时间、温度的变化。简单的物品都成为了孩子探究、感知数学概念的百玩不厌的材料。

让孩子接触和体验成人使用的真实的数学工具。如为幼儿提供一些这样的材料:尺(卷尺、直尺、三角尺)、秤、天平和砝码、大小不一的量杯、各种计时工具、计算器等等。让幼儿在好奇中产生探索的愿

望,并在探索中发现有趣的现象和规律。

(二)数学区具体材料

1. 硬件

桌子、椅子、区域柜、置物盘、操作毯、辅助文具、柜面、墙面等。

2. 软件

区域牌、进区规则、区域标识等。

3. 区中区材料

(1)数字区:按顺序念数、计数、点数、说出总数、数与量的对应、数的大小、相邻数、数的加减、基数与序数、数字书写。

可用材料:数字卡、数学符号卡、辅助计数的小动物等实物、纸与笔等。

数字卡 1

数字卡 2

(2)图形区:圆形、三角形、正方形、长方形、梯形、椭圆形、球体、正方体、长方体等。

可用材料:各种大小颜色不同的形状与形体,形状与形体的分解。

颜色形状

积木形状

(3)拼图区:具有等量关系的不同形状。

可用材料:不同形状的塑料片、纸片、木片等。

纸片拼图

塑料拼图

(4)分类排序区:按照事物属性来分类(长短、粗细、厚薄、宽窄、轻重等);等量判断;规律 ABAB、ABCABC、ABBABB 等。

可用材料:不同属性的木块、木棒、木板,不同颜色大小的扣子等。

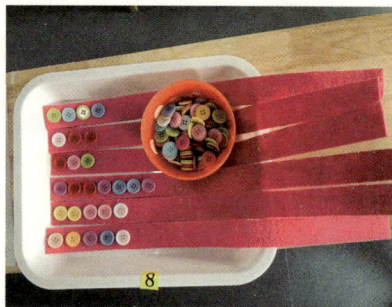

扣子

形状积木

（5）时间空间区：上午、下午、晚上、昨天、今天、明天等不同时间，整点与半点，上下前后左右空间方位。

可用材料：标识不同时间的图片与钟表模型，辨别方位的盒子与小球等。

图片标识

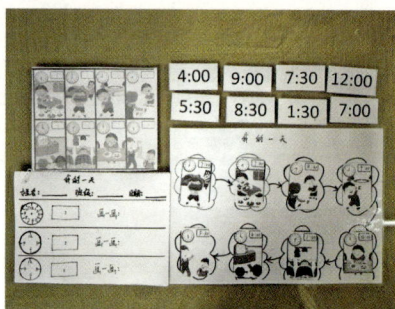

时间标识

（6）测量区：测量长度、容积、温度等。

可用材料：自然测量物（如等长的小木棒），量杯、尺子、温度计等。

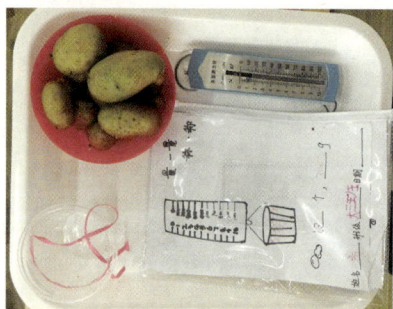

测重量

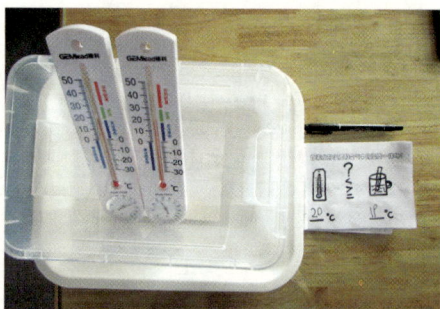

测温度

（7）智力游戏区：棋类。

可用材料：五子棋、跳棋、飞行棋等。

飞行棋

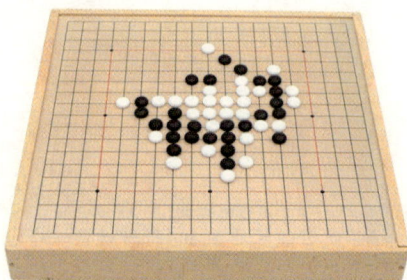

围棋

数学区操作学习

(三)各年龄段数学认知发展目标及所需材料

各年龄段数学认知发展目标

	3—4 岁	4—5 岁	5—6 岁
生活中的数学	◆ 感知和发现周围物体的形状是多种多样的,对不同的形状感兴趣 ◆ 体验和发现生活中很多地方都会用到数概念	◆ 能感知和体会有些事物可以用形状来描述 ◆ 能感知和体会有些事物可以用来数数,对环境中各种数字的含义有进一步探究的兴趣	◆ 能发现事物简单的排列规律,并尝试创造新的排列规律 ◆ 能发现生活中许多问题都可以用数学的方法来解决,体验解决问题的乐趣
数、量及数量关系	◆ 能感知和区分物体的大小、多少、高矮、长短等量方面的特点,并能用相应的词表示 ◆ 能通过一一对应的方法比较两组物体的多少 ◆ 能手口一致地点数 5 个以内的物体,并能说出总数。能按数取物 ◆ 能用数词描述食物或动作。如我有 4 本图书	◆ 能感知和区分物体的粗细、厚薄、轻重等量方面的特点,并能用相应的词语描述 ◆ 能通过数数比较两组物体的多少 ◆ 能通过实际操作理解数与数之间的关系,如 5 比 4 多 1;2 和 3 合在一起是 5 ◆ 会用数字描述食物的排列顺序和位置	◆ 初步理解量的相对性 ◆ 借助实际情境和操作(如合并或拿取)理解"加"和"减"的实际意义 ◆ 能通过实物操作或其他方法进行 10 以内的加减运算 ◆ 能用简单的记录表、统计图等表示简单的数量关系
形状与空间	◆ 能注意物体较明显的形状特征,并能用自己的语言描述 ◆ 能感知物体基本的空间位置与方位,理解上下、前后、里外等方位词	◆ 能感知物体的形体结构特征,画出或拼搭出该物体的造型 ◆ 能感知和发展常见几何图形的基本特征,并能够进行分类 ◆ 能使用上下、前后、里外、中间、旁边等方位词描述物体的位置和运动方向	◆ 能用常见的几何形体有创意地拼搭和画出物体造型 ◆ 能按语言指示或根据简单示意图正确取放物品 ◆ 能辨别自己的左右

各年龄段数学区所需材料

3—4 岁	4—5 岁	5—6 岁
◆ 数字卡、数学符号卡、辅助计数的小动物等实物 ◆ 圆形、三角形、正方形、三角形拼图、正方形拼图、长方形拼图、简单的规律排序辅助物 ◆ 上午下午晚上图片等	◆ 数字卡、数学符号卡,辅助计数的小动物等实物图 ◆ 圆形、三角形、正方形、长方形、梯形、椭圆形、三角形拼图、正方形拼图、长方形拼图、简单的规律排序辅助物图片 ◆ 昨天、今天、明天时间图片,自然测量物、飞行棋等	◆ 数字卡、数学符号卡、辅助计数的小动物等实物 ◆ 各种大小、颜色、形态的纸与笔;实物形状与形体的分解;不同形状的塑料片、纸片、木片;不同属性的木块、木棒、木板;不同颜色大小的扣子 ◆ 标识不同时间的图片与钟表模型;辨别方位的盒子与小球、自然测量物(如等长的小木棒);量杯、尺子、温度计,五子棋、跳棋、飞行棋

案例 2-2 大班数学活动案例

活动区域	数学区	观察时间	2018 年 12 月 26 日	班 级	大班
观察记录				我的思考	
今天的区域活动时间,致远来到数学区拿起小数棒,认真地数起来,然后说:"逯老师,这是谁写的?写错啦!"老师说:"那你觉得是多少呢?你来写上正确的数字吧!"致远说:"这个是 10,有 5 个红色和 5 个蓝色。"老师说:"那请你去托盘里找一找哪个数棒跟图片上的一样多,把它放在图片这里吧。"致远拿起一个 8 的数棒往图片上放,看起来一样长,老师说:"你数一下这个数棒也				致远在数学认知方面已经熟练掌握 10 以内数的点数,说出总数、10 的分成、10 以内的加法等,不仅自己掌握相关的知识经验,还能够发现同伴的错误进行指正。但是在活动中也发现致远的	

观察记录	我的思考
是 10 么?"致远数了一下说:"不是,是 8。"老师问:"那你应该怎么办?"致远又到托盘里找了两次,终于找到数棒 10,把它放在图片上,检验自己写得对不对(图1)。 　　一旁的瑶瑶看到陈志远完成几次之后,也开始加入帮致远找数棒,致远说:"那红色的你来数,你来写,红色是女孩子的颜色,蓝色是男孩子!"于是两人分工合作,很快一起完成了从数棒 10 到 1 的摆放(图2、图3)。 　　这时瑶瑶又翻开一页说:"我自己来,不要你帮忙!"只见瑶瑶拿起数棒 4 放在图片上 5 的位置,然后在第一个格子写下 4,红色 2,蓝色 2。致远看了一下说:"不对呀,不是这样比的,这里是 5。"瑶瑶看了一下认真数完图片上的数棒,把 4 改成 5,红色的 3 改为 2,然后去托盘里找双 5(图4、图5)。 　　完成两次之后,两人一边写数字,一边说 5+5 等于 10,5+4 等于 9…… 　　几分钟之后,瑶瑶走开,倩雯来操作这个材料,致远在旁边,说:"先数这个,你把数字写在这里……你去找棒棒……你写的 5 不对,先写竖,弯弯的,最后写横……"倩雯说:"先写横也对的……"	性别意识比较强,认为红色就是女孩子,蓝色就是男孩子。 　　瑶瑶在活动中主动意识强,看了几次活动之后要求要自己独自操作,但是在操作过程中受到图片信息的干扰,将图片的长度与实物的长度混淆,经过同伴提醒能够很快改正,在数学活动中还需要更加细心。 　　倩雯受到同伴的影响也加入这个活动,但是在数字书写方面不是十分规范。目前幼儿处于前书写时期,前书写教育活动强调的是活动的过程,是幼儿对书写的一种体验或经验的获得,是对幼儿好奇心的满足和激发幼儿对书面语言的兴趣,所以教师也没有进行干预。
活动 相片	

图1　　　　　　　　　图2　　　　　　　　　图3

图4　　　　　　　　　图5

案例 2-3　中班分类排序活动案例

活动区域	数学区	观察时间	2018 年 6 月 13 日	班　级	中班

观察记录	我的思考
今天思思来到数学区,选择了按规律排序的数学材料开始操作。首先,他选择了具有大小与颜色两个变量的一组来操作,只见睿思在小篮子里认真地寻找大粉色,小紫色,小紫色,大粉色……基本没有犹豫,很快就完成了第一组。接着睿思又选择了一组,同样是具有两个变量,颜色与大小,睿思在小篮子里认真地寻找大橙色与小红色,间隔来摆放,没用几分钟,也很快完成。 　　随后,睿思选择了一个新的任务,这个任务只涉及颜色变量,是三个不同的颜色红黄蓝为一组,依次循环。这次睿思完成得没有那么顺利,在红黄蓝两个循环范例之后,睿思可能只注意到后面两个黄色和蓝色,就在下一个循环中摆放了黄色、蓝色,但是第四组睿思又摆正确了,按照红黄蓝来摆放。于是我就问睿思:"思思,你检查一下,有没有哪里摆错的?"睿思停下来,看了一会,继续摆放了红色,我以为这次睿思是发现了正确的规律,没想到下一个睿思又摆	中班幼儿在操作摆弄物品时,已逐渐认识了一些事物的属性,如:大小、长短、颜色等,能了解不同物体的属性,发现其明显的差异性,也能感受到有关规律的经验。排序指的是将两个以上物体,按某种特征上的差异或一定的规律排列。它是一种连续的比较,建立在对两个物体比较的基础上。通过排序可以促进幼儿分析、比较能力的发展。 　　从案例中可以看出思思小朋友已经掌握简单的规律,并且能够借助口述

观察记录	我的思考
了蓝色黄色蓝色。我说:"思思,你从第一个开始,看看是什么颜色,说出来。"睿思开始念:"红黄蓝红黄蓝黄蓝……"可是依旧没有改正。这时我拿出另外一组相同难度的给睿思再次进行尝试。这一组是按照绿红蓝依次循环。睿思一边摆放,一边嘴巴里念着:"绿红蓝、绿红蓝、绿红蓝……"这次全部摆放正确。 　　睿思将剩下的摆放规律任务全部完成之后,跟钟思淇又拿来一份数学的材料一起操作起来。整个活动过程可参见以下图1—图6。	等帮助策略完成排列的任务。同时思思小朋友的专注力能够比较持久,进区的40多分钟,能够专注于自己的任务,能和同伴一起进行数学游戏。
活动相片	 图1 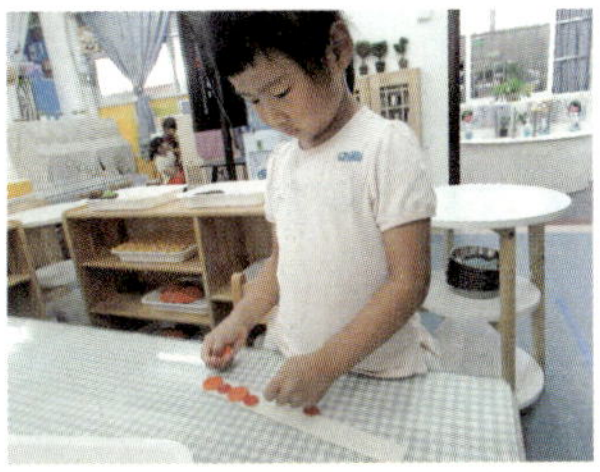　　　　　　　图2 　　　　　　　图3  图4 　　　　　　　图5 　　　　　　　图6

思考题

1. 数学区的环境创设需要包含哪些基本内容?

2. 作为幼儿园老师,你认为小班、中班、大班数学区在环境创设上应该有哪些不同?为什么?

区域三　美工区环境的创设和指导

一、美工区布局

区域活动空间布局不仅会影响活动的有效性,也直接影响幼儿参与活动的积极性、主动性、专注性和持久性。美工区的整体布局和空间分割是否科学和合理,将会影响到幼儿在美工区活动的质量和效果。幼儿才是区域活动的真正主人,为了体现以幼儿为本,在进行美工区布局时,要从设计理念、空间分割、因地制宜和教育原则这四个主要方面进行思考。例如空间布局是不是站在幼儿的立场进行规划?环境和材料是不是幼儿喜爱的?空间功能是否得到充分的体现和发挥?"动区"和"静区"之间是否能避免相互影响?空间大小是否能满足进区幼儿人数?不同区域之间的教育联动是否有效?空间利用是否科学巧妙,并能因地制宜开展不同的活动?整体设计是否把握和遵循教育目标、幼儿年龄特点、美学等主要原则,能否促进幼儿得到个性化发展等等。

创建美工区可以有多种形式。如果空间大且独立,有阁楼或楼梯,可以创设成一个进行艺术创作并处处散发艺术气息的美术空间;如果空间有限,也可以只利用活动室的一处地方,用桌柜、展示架、植物或简易屏风将这片区域和其他活动区分隔开来,形成相对封闭的独立空间。

美工区的地点最好靠近水源,有水槽最理想,便于幼儿自由取水、换水;有防滑的瓷砖地面,既便于清洁又避免幼儿滑倒;采光要好,宜靠窗或在天窗下利用自然光源,光线充足有利于保护幼儿视力;有序放置充足的桌椅、储物柜、展示架、材料和工具等,摆放充满艺术美感;空间位置利于进行个体活动、自由组合活动,简单调整又能进行小组活动等。

(一)美工区整体布局的原则

1. 空间要相对封闭,活动要开放自由

一个班级区域活动往往是所有区域同时面向全体幼儿开放,各个活动同步进行。所以,"动区"和"静区"要有意分开,避免相互干扰。美工区宜与相对安静的阅读区、益智区等相邻而设,既可产生联系又互不影响,并与相对热闹的角色区、表演区、建构区等隔开一定的距离,形成相对封闭的安静空间。

空间相对封闭

可自由选择活动

与阅读区为邻

靠近沙盘游戏区

材料选择、活动内容、表现形式、时间利用等要开放自由，幼儿能根据自己的兴趣爱好取用材料和工具进行自主游戏、创作、展示、交流和评价等，不被影响、干扰或禁止，能充分享受美工区活动的乐趣，满足内心的需求。

2. 材料、色彩、造型等风格统一又富有变化，蕴含艺术气息

美工活动是一种艺术活动，美工区要营造出浓厚的艺术氛围，带给幼儿视觉上的舒适和刺激，心理上的愉悦和喜爱，从而激发幼儿更多积极主动的行为和灵感。因此，材料质地、色彩搭配、造型结构等既要安全美观，又要符合幼儿的审美特点，风格和谐统一且富有变化，充满美感和童趣，是一个已经做好了一切准备的环境，并向幼儿发出邀请，吸引幼儿参与进来。

风格统一又变化

充满艺术气息

富有童趣

做好了准备的邀请

3. 地面墙面、桌椅区柜、立体空间之间要呼应与连接

要因地制宜、合理利用，巧妙地把美工区的地面墙面、桌椅区柜及所拥有的立体空间连接起来，色彩

互相呼应

自然连接

呼应幼儿活动

利用立体空间

层次、材料投放和空间划分布置等要自然过渡、互相呼应,形成和谐有序、丰富多元的区域环境,满足幼儿进行绘画、手工、欣赏等各种不同形式的活动,充分发挥美工区活动的教育价值。

4. 与相关区域进行适宜联动或融合

促进幼儿全面发展是区域活动的根本出发点,科学合理的空间布局体现在外部结构上,更要体现在区域功能的内部联系上,这也是区域活动的生命力和教育价值所在。美工区活动要与其他功能上关系较为密切的区域进行相邻或相关布局,例如自然角、益智区、阅读区等,与自然观察、科学认知、阅读讲述、审美创作等区域活动进行有机结合、融为一体,从而有效地增强区域间的教育联动,满足幼儿的兴趣和发展需要,大大提高区域活动的效益。

表征正在研究的恐龙

用绘画形式作观察记录

查阅船的书籍

制作海盗船

(二) 区中区的布局

根据目前幼儿园幼儿人数的现状,一般来说,美工区的布局需要提供一个舒适的环境和材料以满足6—8个幼儿同时进行活动。

美工区的活动主要有绘画、手工和欣赏等,按空间布局可划分为绘画区、美工区、艺术欣赏区。不同区间的环境创设和材料投放既要体现各自的特色和功能,又要互相关联结合和补充融合,便于幼儿知道什么类型的活动在什么地方进行最适宜、舒适、方便。区域位置要相对固定和稳定,如果时常变来变去,不利于幼儿良好常规的建立和艺术探索活动的连贯性。

1. 绘画区

幼儿在绘画区进行的活动有涂鸦、水粉画、水墨画、喷画、点画、水彩画、粉笔画、拓印、拼贴画等,有

绘画区

展示墙

户外涂鸦

地面粉笔画

些在墙面、黑板、画架等上进行创作,有些则利用桌面就可以进行,但均需要比较安静、宽敞的环境,有展示作品的展示架、展示墙或走廊等。同时,不同画种对空间和材料的要求也有所不同,例如涂鸦、喷画需要较大面积的墙面或桌面;水粉画、水墨画等最好要靠近水源,光线要明亮,自然采光或灯光;拓印、拼贴画等需要用到一些手工材料,也可以在手工区进行;涂鸦、写生、喷画等也可以安排在户外进行。

2. 手工区

手工活动主要包括平面手工和立体手工两大类,要有专门的展示架台或场地放置幼儿的作品。适合幼儿的平面手工有撕贴、拼贴、剪纸、扎染、刺绣等;同时,幼儿也非常喜欢进行立体手工活动,尤其是中大班的幼儿,例如折纸、泥工、编织、雕塑、造型搭建等。平面手工一般在桌面上进行,也可以利用墙面进行拼贴等活动;剪纸、刺绣等活动需要使用剪刀、针线等工具,需要在安静、人少且不常有人走动、采光好的位置进行,可以设置在角落处,最好有特定的桌子,避免被干扰;立体手工一般也是在桌面上进行,但规模较大的造型搭建从地面上开始比较适宜,因为大型造型搭建创作过程较长,往往需要几个幼儿经过一段时间的合作才能完成,在此期间要确保作品保存完好不被破坏,就更需要一个相对封闭、安全、宽敞的空间。

手工区

利用墙面进行手工活动

在桌面上进行手工活动

在地面上进行手工活动

3. 欣赏区

美工区的欣赏活动既可单独进行,又可融入绘画和手工活动之中,欣赏内容主要有师幼作品欣赏、艺术品欣赏、大自然和建筑物欣赏等。所以,欣赏区要根据空间情况灵活地设置和布局,巧妙地利用地面、墙面、展示架、吊饰等,把幼儿的绘画和手工作品,以及美术艺术品等融合展现在美工区或是活动室内外的每一个适宜的角落,处处充满艺术气息,让幼儿得到美的熏陶和激发。同时,利用比较容易被大家关注的显眼的地方或空间展示幼儿的作品,让幼儿得到尊重、肯定和他人的欣赏,获得满足和自豪感,还能促进幼儿与同伴、老师、家长的互相交流和学习。

欣赏活动并不只限于在开展美工区活动时进行,对于艺术美的感受和欣赏要贯穿在幼儿的一日生活活动中;也并不只限在美工区内发生,要延展到活动室以外的场所,幼儿园、社区、大自然等幼儿生活的周围环境及事物中都存在着许多的美,等待着幼儿去观察、发现和体验。有条件的情况下,要多带幼儿去美术馆、博物馆等场所欣赏艺术作品。

欣赏与展示融合

幼儿作品展

欣赏与游戏体验

参观广东美术馆

二、美工区材料投放

材料是美工区环境最重要的构成要素,对美工区活动的有效开展起决定性的作用。材料既蕴含教育目标体现教育内容,又是幼儿进行游戏与学习的媒介和桥梁。材料的科学投放和合理选择,是开展美工区活动的前提和保障。

美工区材料种类多样,各有特点。从材料的功能看,有主体材料、辅助材料、工具;从材料的性质看,有成品材料、半成品材料、自然材料;从材料的结构看,有高结构材料、低结构材料。有些材料可用于进行多种美工活动,有些材料则只适用于某种特定的美工活动,教师要根据深入挖掘和利用不同材料的独特价值,结合幼儿的年龄特点、兴趣爱好及发展水平进行投放,并体现安全性、适宜性、层次性、多功能性、多样性、艺术性等。

收集材料的地方很多,例如专业的美术用品或教育用品店、五金用品店、餐饮供应点、厨具用品店、旧货店等,也可以从网络上购买。材料收集的对象主要是教师、家长、幼儿,还可以发动社区或某些单位的志愿者帮助提供。

(一) 硬件

主体材料:桌子、椅子、桌布、区域柜、置物盘、画架、作品展示架(台、袋、墙)等。

辅助材料:投影仪、一体机、灯、绿植、轻音乐、相关美术书籍、海报、视频、图片等。

工具:扫把、拖把、清洁布、垃圾桶等。

(二) 软件

1. 欣赏:剪纸、陶瓷、绳结、绘画等艺术作品,动植物、自然景观、建筑物、服饰等。

2. 绘画:各种纸张、画笔、颜料、围裙、小桶、小抹布、半成品材料等。

3. 手工:剪刀(花边剪)、各种彩色纸、橡皮泥、陶泥、泥工板、胶水(带)、瓶子、纸杯、毛线等废旧材料,豆类、果壳、树叶、小石头等自然物。

（三）各年龄段美术发展目标及所需材料

各年龄段美术发展目标

	3—4 岁	4—5 岁	5—6 岁
感受与欣赏	◆ 喜欢看花草树木、日月星空等大自然中美的事物 ◆ 乐于观看绘画、泥塑或其他艺术形式的作品	◆ 在欣赏自然界和生活环境中美的事物时,关注其色彩、形态等特征 ◆ 能够专心地观看自己喜欢的艺术品,有模仿和参与的愿望 ◆ 欣赏艺术作品时会产生相应的联想和情绪反应	◆ 乐于收集美的物品或向别人介绍所发现的美的事物 ◆ 艺术欣赏时常常用表情、动作、语言等方式表达自己的理解 ◆ 愿意与别人分享、交流自己喜爱的艺术作品和美感体验
表现与创造	◆ 经常涂涂画画、粘粘贴贴并乐在其中 ◆ 能用简单的线条和色彩大体画出自己想画的人或事物	◆ 经常用绘画、捏泥、手工制作等多种方式表现自己的所见所想 ◆ 能运用绘画、手工制作等表现自己观察到或想象的事物	◆ 积极参与艺术活动,有自己比较喜欢的活动形式 ◆ 能用多种工具、材料或不同的表现手法表达自己的感受和想象 ◆ 艺术活动中能与他人相互配合,也能独立表现 ◆ 能用自己制作的美术作品布置环境、美化生活

各年龄段美工区所需材料

	3—4 岁	4—5 岁	5—6 岁
欣赏	◆ 自然景观（花园、云朵、雨等） ◆ 小动物（金鱼、小乌龟等） ◆ 植物（大树、花） ◆ 艺术作品（绘画、剪纸、陶艺等） ◆ 相关艺术图片、视频	◆ 自然景观（花园、公园、云朵、雨等） ◆ 小动物（金鱼、小乌龟、蚕宝宝等） ◆ 植物（大树、盆栽、花、落叶） ◆ 艺术作品（绘画、剪纸、陶艺、绳结等）,建筑物,传统服饰 ◆ 相关艺术图片、视频、海报等	◆ 自然景观（花园、公园、云朵、雨等） ◆ 小动物（金鱼、小乌龟、蚕宝宝、小鸡、兔子等） ◆ 植物（大树、盆栽、花、鲜花、水果、落叶） ◆ 艺术作品（绘画、剪纸、陶艺、布艺、绳结等）,建筑物,传统民族服饰,地方性代表艺术作品（刺绣、捏泥人） ◆ 相关艺术图片、视频、海报、书籍等
绘画	◆ 白纸、彩色卡纸、报纸、纸盘、水彩笔、油画棒、粉笔、粗毛笔、画笔、印章笔 ◆ 水溶性颜料、棉签、小黑板、涂鸦墙、小滚筒、海绵块、小滴管、小刷子、小水桶	◆ 白纸、宣纸、卡纸、刮画纸等各种纸张,纸盘、纸杯、水彩笔、油画棒、粉笔、毛笔、水粉笔 ◆ 水溶性颜料、调色盘、棉签、黑板、涂鸦墙、小滚筒、海绵块、小滴管、刷子、小水桶、调色盒、墨汁、玻璃瓶、鹅卵石、树叶等	◆ 白纸、宣纸、卡纸、刮画纸、吹塑纸等各种纸张,纸盘、纸杯、素描本、水彩笔、油画棒、粉笔、毛笔、水粉笔、彩色铅笔 ◆ 水溶性颜料、调色盒（盘）、棉签、黑板、涂鸦墙、小滚筒、海绵块、小滴管、刷子、墨汁、玻璃瓶、鹅卵石、树叶等
手工	◆ 彩色折纸、橡皮泥、泥工板、各种磨具、圆头剪刀、胶棒、白乳胶、棉签 ◆ 废旧材料（瓶子、瓶盖、鞋盒、吸管、纸袋等） ◆ 自然物（树叶、小石头、小树枝等）	◆ 彩色折纸、卡纸、橡皮泥、陶泥、泥工板、各种磨具、圆头剪刀、花边剪刀、胶棒、白乳胶、透明胶、双面胶、棉签、打孔机、小木棍 ◆ 废旧材料（瓶子、瓶盖、鞋盒、吸管、纸袋、毛线、挂历、线绳、碎布头、奶粉罐等） ◆ 自然物（树叶、小石头、小树枝、圆木片、花朵、果壳、豆类、种子等）	◆ 彩色折纸、卡纸、皱纹纸、信封、贺卡、橡皮泥、陶泥、泥工板、各种磨具、圆头剪刀、花边剪刀、胶棒、白乳胶、透明胶、双面胶、棉签、牙签、打孔机、订书机、小木棍、铁丝、小梯子 ◆ 废旧材料（瓶子、瓶盖、鞋盒、吸管、纸袋、毛线、挂历、线绳、碎布头、包装纸、奶粉罐、易拉罐等） ◆ 自然物（树叶、小石头、小树枝、圆木片、小木头、花朵、果壳、豆类、种子、稻谷杆、椰子壳、竹片等）

以上两个表中所列举的"各年龄段美术发展目标"可参考《指南》,"各年龄段美工区所需材料"为一般性常见材料,教师应根据幼儿需求、课程内容、南北不同、城乡差异等实际情况投放更为适宜、贴切、有趣、有效的材料来支持幼儿活动。

怎样判断材料投放科学合理、及时到位,能满足幼儿的需要促进幼儿得到发展,不存在胡乱堆砌、杂乱无序等盲目投放的现象？教师可以从材料选择、材料投放和材料管理三个方面进行评价、分析和调整：

1. 材料选择

材料是否安全，来源渠道是否多元，并体现幼儿的参与；材料的类别是否齐全，并蕴含教育目标，能否为幼儿当前的发展需要提供支持；材料的种类是否多样化，数量配置是否与进区人数相符合；所提供的工具是否必要和恰当。

2. 材料投放

投放材料的性质和功能是否具有明显的年龄特点，符合幼儿的兴趣需要；材料的外形和投放方式是否安全美观、有趣有序，能激发幼儿的探索欲望；材料的质地和操作方法是否耐用、难易程度适宜，并具有不同层次的挑战性；材料的种类和数量控制是否科学合理，既满足进区人数需要又避免过度投放造成干扰；相同的材料针对不同年龄段的幼儿目标要求是否多样化或有所区别；投放的材料经过一段时间的使用后，是否根据幼儿兴趣和能力进行及时的增加删减、组合拓展、改进结构等调整，以促进幼儿得到新的发展。

3. 材料管理

材料是否有教师及幼儿进行专门管理；材料分类是否清晰，并有固定的区柜、托盘等分门别类摆放和收纳；材料标识是否清楚形象，摆放位置是否巧妙有序，具有内在的教育性、联系性和艺术性；材料取放和使用方法是否明确且可操作性强，符合幼儿的身高和能力；材料的操作和互动是否有利于幼儿良好学习常规、习惯和品质的培养及巩固。

（四）区中区材料介绍

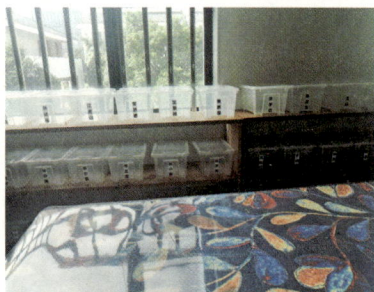

桌布、盒子

各种笔

剪刀、透明胶等

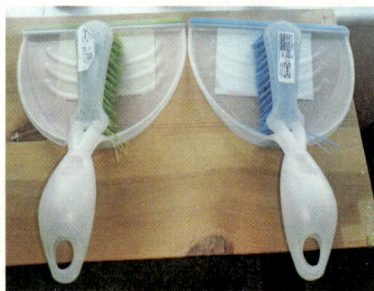

小扫把

颜料

滴管

橡皮泥

橡皮泥工具

沙子、石子

木碎、贝壳、鹅卵石

各种珠子

纽扣、羽毛、吸管等

盒子、瓶子等

鲜花、干花

书籍

展示架

一体机、视频、图片

美工区环境

案例 3-1 大班手工区活动：我的魔法瓶子

【活动目标】

1. 尝试使用多种材料装饰填充瓶子，进行小主题创作；

2. 愿意与别人分享交流自己的创作想法和感受体验。

【活动准备】

沙子、小石头、小树叶、落叶、橡皮泥、小装饰物、马克笔。

【操作要点】

1. 大胆发挥想象，构思作品主题；

2. 选择材料，把材料变成适宜的大小，陆续放进瓶子，从底部开始填充；

3. 在瓶子外部进行装饰或绘画，使主题内容更加清晰突出；或请老师帮忙记录主题内容或故事。

【指导建议】

1. 鼓励幼儿大胆想象和创作；

2. 轻拿轻放玻璃瓶子；

3. 引导幼儿边创作边欣赏，体现材料的层次感和美感。

【观察记录】

泥土里有什么呢？幼儿说，有花儿、蚂蚁、蚯蚓……它们会发生怎样的故事？你最喜欢的情景是什么？大家开始思考并动手操作。

小蚂蚁

琪琪：泥土下有树根、有小蚂蚁和小蚂蚁的家,还有小蛇在泥土下冬眠。

娜娜：池塘的泥土里有莲藕,莲藕上是荷叶和荷花,还有小蝌蚪找妈妈。

蚂蚁的家在泥土下

装饰瓶子

完成的魔法瓶子

哲哲：泥土里还有我一只丢失的拖鞋,我想现在它已经变成了蚂蚁的家了。

丢失的拖鞋

拖鞋变成了蚂蚁的家

晨晨：有一只小刺猬生活在泥土里,小刺猬的家从泥土上一直通到泥土下面,上上下下很好玩。

小刺猬生活在泥土里

小刺猬的家

【活动评价】

幼儿在活动中联系生活经验,大胆展开想象,积极动手创作,并富有个性地表达自己的想法和感受,是一次美好的体验过程。可根据幼儿的兴趣和经验,适当增添所需要的材料,支持幼儿继续进行主题想象创作,丰富或深化作品。

案例 3-2　大班绘画区活动：美丽的花朵

【活动目标】

1. 观察和欣赏花朵多样的色彩、丰富的气味和不同的形态美；

2. 大胆想象，灵活地运用不同的线条绘画不同的花朵；

3. 体验户外美术创作的乐趣和大自然的美，激发热爱生活的情感。

【活动准备】

幼儿园户外小花园、草地、丙烯马克笔、透明玻璃胶片。

【操作要点】

1. 观察花朵的颜色、形状、结构和线条，闻花朵的气味，对花朵有自己的理解和想法；

2. 运用直线、波浪线、锯齿线、网格线、旋涡线、螺旋线等线条画出美丽的花朵；

3. 喜欢与同伴分享作品，一起欣赏并利用作品进行游戏，体验生活的美好。

【指导建议】

1. 引导幼儿细致观察花朵，把握花朵的主要特征；

2. 鼓励幼儿大胆运用不同的线条绘画，注意线条清晰、流畅和完整；

3. 营造轻松愉悦的氛围，幼儿可以边观察边讨论，再绘画、分享、游戏。

【观察记录】

老师把小朋友带到小花园赏花观花闻闻花的味道。浩浩说：你看，这朵花好特别，花瓣小小的，花心有点细长。芊芊：我看到的花是圆圆的。晴晴说：有红色、黄色和紫色。笑笑说：看起来像波浪，又像牙齿……小朋友你一句我一句，在分享和讨论自己的发现，并开始动笔把心中美丽的花儿画出来。

赏花观花

画花

小朋友们的作品都各具特色：每种花的花瓣形状都是不一样的，有的是圆圆的，有的是长长的，还有的是尖尖的；花瓣的数量也不一样，有的三片，有的四片，有的五片，有的更多重叠在一起；还有花瓣的颜色也是不一样的，有的只有一种颜色的花瓣，有的花瓣有几种颜色……大家都画出了自己的理解、感受和想法。

画完之后，小朋友看着一幅幅美丽的画卷，非常开心和兴奋，又尝试把作品融入大自然的真实场景中，摆出漂亮的造型进行欣赏，或利用作品进行快乐的游戏。

欣赏作品

摆造型

融入大自然

快乐游戏

【活动评价】

在轻松愉快的氛围中,幼儿把自己看到的、想到的表征出来,并乐于与别人一起分享互动,体验欣赏美、感受美和表现美,是一次美好的美术创作之旅和生活经历。要继续提供更多的机会让幼儿领略大自然的奇妙和美丽,让艺术融入生活,促进幼儿个性化发展。

思考题

1. 美工区布局如何做到教育性和艺术性相统一?

2. 教师如何把握不同年龄段美工区活动的难易程度,避免材料投放的盲目性?

美工区活动

区 域 ⑷ 音乐区环境的创设和指导

一、音乐区布局

（一）音乐区整体布局的原则

1. 避免与安静的区域为邻

音乐区属于音量较大、相对喧闹的区域，应尽量与阅读区、美术区等较安静的区域划分开，避免区域间的相互干扰。位置可设在活动室的角落或在室外，同时最好能靠近电源；若条件有限的话，可以把音乐区变成一个移动空间。

2. 提供宽敞的活动空间

音乐区需要一个较大的空间，能让幼儿又唱又跳。区域大小能容纳 4 人以上，且伸臂做动作不干扰。空间宽敞的话，可搭建小舞台，为幼儿提供展示自我的场所。

3. 设有方便取放的置物架

一是选择节省空间、富有艺术性的置物架，可用镂空设计的置物架，增强空间通透感。二是置物架的高度应保证幼儿取放材料方便，如服装、饰物挂架高度约 1.1 米高度为宜（视小、中、大班幼儿高度有所差异）。

4. 灵活投放材料

音乐区是动态性的区域，受场地限制，一种材料建议有多重操作和使用方法；材料尽可能是幼儿自己能够移动的，如图谱架、屏风、乐器等较为灵活的材料；材料按规格分类投放，小件材料（如小乐器、图谱卡、化妆饰品等），采取较为统一的方式陈列摆放，如放置在尺寸相同的收纳盘中，大件的乐器、谱架等则可进行高低组合营造舞台层次感。

（二）区中区的布局

1. 表演区

表演区是供幼儿进行音乐歌舞游戏、演奏、故事表演、时装表演等的场所。此区域选择靠近电源的位置，搭建一个开放式的舞台，墙面悬挂幕布作为舞台背景，配以饰品营造音乐氛围，台前设观众座位。如场地不足，可用折叠屏风作舞台背景，布置流动舞台。区内提供舞台、音乐播放设备、麦克风、谱架、各类乐曲等材料。

音乐区
环境设计

2. 视听区

视听区是供幼儿欣赏和感受音乐，并发挥想象，以符号、图画、语言等形式表现音乐的场所，能培养幼儿安静倾听、感受音乐和独立思考的习惯，为下一步表演或创作做准备。此区域安排在安静的角落，需要靠近电源，设有可进行视听欣赏的视听器或其他同类功能的电子设备、各类音乐影音资料、舒适的桌子和椅子，墙面可张贴与视听音乐材料相关的名家介绍、名曲介绍以烘托氛围。

表演区实景

视听区实景

3. 道具区

道具区是为幼儿提供可选择的服装、表演道具、配饰等材料的场所,能让幼儿在搭配服饰中逐步建立对美的理解和感受,在取放物品中培养秩序感,提高生活自理能力。此区域可设置在表演小舞台旁,提供摆放层柜、收纳筐等,投放乐器、表演服装、饰品、表演道具等材料,并配有相关目录和借领记录表。所有收纳工具贴有标签,材料分层分类摆放。

4. 装扮区

装扮区是幼儿选择服装和饰品后进行装扮、化妆的场所,能让幼儿在化妆、梳理和打扮中激发表演的兴趣。此区域靠近道具区,且摆放镜子和桌椅,方便幼儿更换服装和化妆,提供幼儿化妆台和镜子等材料,充分利用墙面和柜面提供操作指引和流程图。

道具区实景

装扮区实景

二、音乐区材料投放

(一)各年龄段音乐发展目标

音乐区的材料投放应根据幼儿的发展而定。根据《指南》,对各年龄段幼儿在音乐区的发展目标进行梳理和概括,如下:

各年龄段音乐发展目标

区域	3—4 岁	4—5 岁	5—6 岁
视听区	◆ 能安静倾听音乐 ◆ 听到熟悉的歌曲跟着哼唱 ◆ 欣赏优美、抒情的简短乐曲,经典的儿童歌曲 ◆ 听辨、感知速度、力度等音乐特点 ◆ 尝试用一两种简单的符号表现音乐的快慢、强弱	◆ 能安静、专心地倾听音乐,会边听边想象 ◆ 对喜欢的歌曲能边听边哼唱 ◆ 能初步感知进行曲、舞曲、摇篮曲等不同风格音乐的基本性质 ◆ 能欣赏有情节、有起伏的名曲,中外儿童歌曲及本土儿童歌曲 ◆ 能感知速度、力度、旋律、音区、音色、节拍、节奏等表现手段的作用 ◆ 能用三到四种符号表现音乐特点	◆ 能进一步丰富并加深对进行曲、舞曲、摇篮曲等不同风格、性质音乐的认识 ◆ 能欣赏曲式比较复杂的名曲、经典民族歌曲及外国歌曲 ◆ 了解几首有代表性歌曲的背景 ◆ 有倾听音乐的情趣和良好习惯 ◆ 感受音乐表现手段是如何推进情节,表达情感 ◆ 会用有规律的符号表现音乐的乐句或乐段 ◆ 能用多种方式创造性地表现自己对音乐作品的感受(如即兴讲述、即兴绘画、即兴动作等)
道具区	◆ 初步了解道具在表演活动中的作用 ◆ 选择自己喜欢的服装 ◆ 能对乐器进行简单的装饰 ◆ 对照乐谱,将音符贴在空缺位置 ◆ 根据幼儿喜好为表演选择道具 ◆ 在场景布置中,尝试摆弄道具	◆ 进一步了解各种道具的特点 ◆ 选择与表演角色匹配的服装和头饰 ◆ 能有规律地装饰乐器 ◆ 选择对应的拍号贴在乐谱上 ◆ 根据表演需要选择道具 ◆ 尝试根据生活经验组合道具,创设生活场景	◆ 了解更多道具在不同表演中的作用 ◆ 注重细小的道具装饰,如头饰、首饰等 ◆ 尝试制作简单的乐器(串铃、沙锤、弦乐器等) ◆ 根据乐谱范例,改编部分乐谱音符 ◆ 根据表演需要制作道具 ◆ 带有创造性地选择不同的道具搭建丰富、适宜的场景

区域		3—4 岁	4—5 岁	5—6 岁
装扮区		◆ 能模仿成人,尝试装扮 ◆ 能在教师协助下装扮	◆ 会根据自己喜好使用工具和道具装扮自己	◆ 会根据表演节目、人物角色的特点选择装扮工具和装扮饰品 ◆ 会熟练地装扮自己 ◆ 协助同伴装扮
表演区	演唱类	◆ 能用自然声音唱歌基本合拍(音域在 C1—G1 之间) ◆ 能面带微笑地演唱 ◆ 能跟着歌曲的前奏整齐的开始和结束 ◆ 在教师的帮助、引导下,能够为熟悉、短小、工整而多重复的简单歌曲增编新的歌词 ◆ 喜欢自己歌唱,也喜欢与同伴一起歌唱,并能注意使自己的歌声与集体相一致	◆ 能用正确的姿势、自然的声音歌唱,并做到吐字清楚,唱歌时音调和节奏基本准确(音域在 C1—A1 之间) ◆ 根据歌曲特点有表情地演唱 ◆ 在有伴奏的情况下,能独立而完整地演唱,并初步学会接唱和对唱 ◆ 能够为熟悉、短小、工整而多重复的简单歌曲增编新的歌词,能尝试独立地将新编歌词填入曲调中唱出 ◆ 喜欢自己歌唱,也喜欢在集体中歌唱,并能大胆、独立地在集体面前表演 ◆ 能按歌曲的情绪特点进行演唱,能表达出 2/4、3/4、4/4 等节拍特点	◆ 能用正确的姿势、自然美好的声音歌唱,并能正确地表现歌曲的节奏、旋律和歌词(音域在 C1—C2 之间) ◆ 能声情并茂地演唱歌曲 ◆ 在没有伴奏的情况下,也能独立而完整地演唱,并初步学会领唱、齐唱、轮唱和简单的 2 声部合唱 ◆ 能够为熟悉而多重复的歌曲增编新的歌词,并能即兴地独立地将新编歌词填入曲调中唱出 ◆ 喜欢歌唱,能大胆地、独立地在集体面前进行歌唱表现,并能在集体中尝试用不同的合作表演形式歌唱 ◆ 能准确掌握开始、结束、轮唱和合唱等指挥手势 ◆ 能感知、表达 2/4、3/4、4/4、6/8、3/8 等节拍特点
	演奏类	◆ 掌握最常用打击乐器(如碰铃、串铃、铃鼓等)的演奏方法 ◆ 能够为简单、短小的二拍子和四拍子的歌曲、乐曲伴奏 ◆ 初步学会看指挥开始和结束演奏 ◆ 养成正确使用、轻拿轻放乐器的习惯	◆ 深入了解打击乐器(如木鱼、响板、沙球等)的名称及演奏方法 ◆ 能为简短的二拍子和四拍子歌曲、乐曲合拍地伴奏 ◆ 能正确地根据指挥的手势开始、结束和变化演奏 ◆ 尝试根据音乐的特点进行配器,创编简单的节奏型 ◆ 养成正确使用、有序收放乐器的习惯	◆ 运用多种打击乐器(如三角铁、双响筒、钹等)演奏较复杂的乐曲,声音和谐、好听 ◆ 能够用乐器为二拍子、三拍子、四拍子的歌曲配不同的伴奏 ◆ 大胆自信地进行即兴伴奏 ◆ 能集中注意看指挥,有意识地注意在音色、音量和表情上与集体相协调一致 ◆ 尝试根据音乐的性质、节拍、节奏特点进行配器,创编节奏型,制订演奏方案 ◆ 养成正确使用乐器、爱护乐器的良好习惯
	舞蹈类	◆ 在教师协助下,选择喜欢的音乐 ◆ 能随音乐合拍地做简单的动作 ◆ 能听辨、记忆简短的音乐,随音乐随意进行游戏或动作 ◆ 尝试根据歌词或音乐仿编动作	◆ 在教师建议下,选择新音乐 ◆ 随音乐的起止,开始或结束动作,合拍、较协调地做动作 ◆ 能感知、记忆音乐,随音乐的变化而变化动作 ◆ 能为熟悉的歌曲、乐曲,自由创编动作	◆ 挑选自己喜欢的音乐 ◆ 能随音乐合拍,有韵律感地做动作 ◆ 能感受、记忆音乐的基本情绪变化,并能及时地随音乐的变化而变换动作 ◆ 尝试根据对音乐的理解,创编动作,抒发情感 ◆ 能独立或结伴进行表演,大胆表现自己熟悉、喜欢或自己创编的动作组合 ◆ 能跟随音乐使用更多的基本舞步(垫步、跑跳步、交替步等)
	戏剧类	◆ 喜欢扮演小动物、植物等角色 ◆ 模仿熟悉的生活情节演绎 ◆ 尝试用肢体和声音(语言、声调)模仿熟悉的人和动物的典型形态或行为	◆ 开始对角色有性别倾向 ◆ 能结合前期经验演绎与主题内容相关的情节 ◆ 能创编简单的剧本情节 ◆ 尝试用肢体、表情、语言和声音模仿常见的人和动物的形态或行为	◆ 比较完整地演绎故事 ◆ 能用语言、肢体、表情较好表现角色情绪与情节推进 ◆ 创编比较完整的故事情节 ◆ 能够用肢体、表情、语言和声音模仿事物的动态过程,较为细腻地把握动作、表情的细节

（二）音乐区材料介绍

　　基于上述各年龄段幼儿的发展目标,结合不同的音乐活动特性进行材料投放有不同的注意事项。

区中区名称		材 料 清 单
表演区		◆ 表演舞台 ◆ 舞台背景墙(幕布、屏风、可更换的 PVC 膜或可贴画的墙面) ◆ 音响设备(话筒、话筒架、播放机等) ◆ 电脑、操作电脑的路径流程图 ◆ 小椅子(观众席) ◆ 节目表演展示图 ◆ 演出展示架(展示当天表演的节目海报或者节目内容) ◆ 乐谱架
道具区	演奏类	◆ 音条乐器:钟琴、木琴 ◆ 木制乐器:木鱼、响筒、双响筒、圆舞板 ◆ 金属乐器:撞钟、小擦、三角铁、大小锣、铙钹 ◆ 散响乐器:串铃、沙锤、铃鼓、摇响板、蛙鸣筒 ◆ 鼓类乐器:大小堂鼓、大小军鼓、架子鼓、其他鼓(腰鼓、非洲鼓等) ◆ 自制乐器:杯琴、沙罐、纸箱鼓等 ◆ 节奏操作卡、演奏图谱
	演唱类	◆ 歌曲目录单 ◆ 幼儿歌唱机 ◆ 歌曲图谱 ◆ 乐谱、简谱 ◆ 演唱服 ◆ 歌唱姿势图、独唱、合唱图片、合唱台 ◆ 演唱类的音像资料
	舞蹈类	◆ 舞蹈表演服装 ◆ 配饰(舞鞋、彩带、花环、水袖、扇子等) ◆ 舞蹈动作造型图、队形图 ◆ 不同舞蹈风格的图片
	戏剧类	◆ 角色服装 ◆ 配饰(帽子、头饰、各种动物面具、道具) ◆ 木偶台、木偶(手套偶、手指偶、竹筷偶、纸影偶等) ◆ 戏剧剧本、剧本资料表 ◆ 剧本创作(纸、笔等文具)
视听区		◆ 书写纸、水彩笔、彩色铅笔、铅笔等文具 ◆ 音乐、戏剧、舞蹈视频等影音材料 ◆ 视听机等电子设备 ◆ 音乐图书
装扮区		◆ 镜子、桌椅、饰品架、储物盒 ◆ 化妆道具(化妆品空瓶、化妆刷等) ◆ 发型材料(装扮模具、发饰、橡皮筋、发带、假发、梳子、卷发梳、发卷、吹风机、发夹、头箍、拉发器、毛巾等) ◆ 化妆流程步骤图、各类发型图等

(三)区中区材料介绍

1. 表演区

背景布

纱帘

48

2. 道具区

（1）演奏类

非洲鼓

棒棒糖鼓

木琴

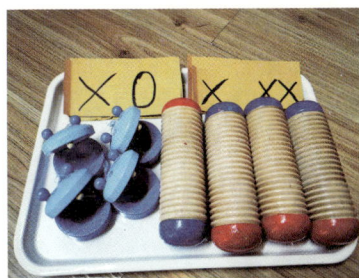

响板、响筒

快板

蛙鸣筒、双响筒

碰铃、锣

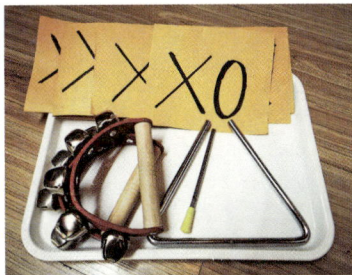

串铃、三角铁

（2）演唱类

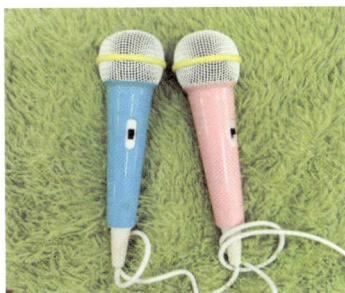

麦克风

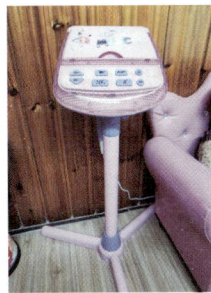

幼儿点唱机

歌曲简谱

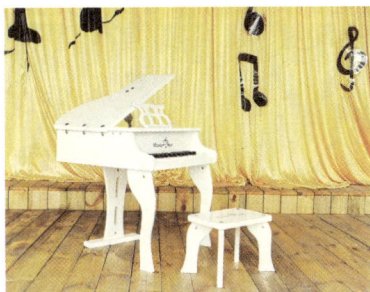

钢琴模型

（3）舞蹈类

各类表演服装

各类帽子

蝴蝶翅膀

舞蹈道具

（4）戏剧类

表演服装

角色道具

角色头饰

角色装饰

丝巾

装饰拉花毛条

2. 装扮区

表演服装

项链、手链

手环

发饰、梳子

3. 视听区

电脑

录音机

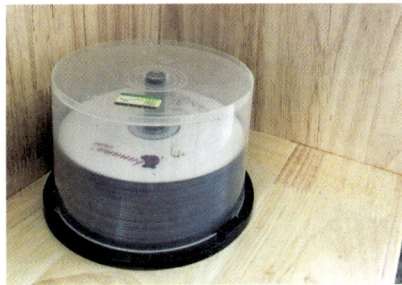

光盘（内含音乐）

水彩笔、画纸等文具

相关图书

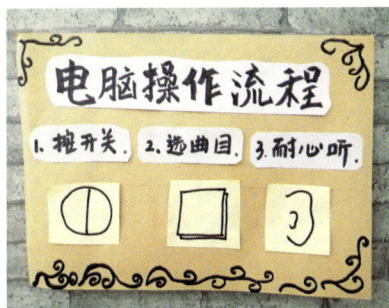

电子设备的操作流程图

案例 4-1　中班音乐区演奏活动：军鼓锵锵锵

【活动目标】

1. 尝试运用四拍子|x - x -|和|x xx x xx|节奏型创编有规律节奏句式。

2. 在熟悉乐曲《我爱北京天安门》的基础上，尝试为乐曲创编节奏并用军鼓敲奏。

【活动准备】

环境创设

1. 环境创设：利用移动柜在走廊外设置简单的表演区，设有小舞台，在透明的 PVC 膜上进行简单装饰，挂有纱帘。

2. 材料投放

（1）乐器类材料：军鼓；

（2）操作类材料：节奏游戏记录卡；

（3）服装类材料：军人表演服。

军鼓

军人表演服

节奏记录卡 1

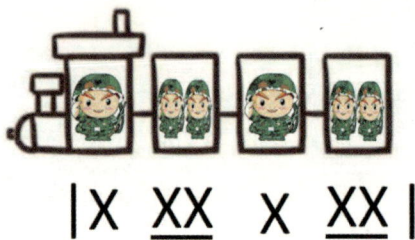

节奏记录卡 2

3. 经验铺垫：幼儿认识四拍子的常见节奏型；熟悉乐曲《我爱北京天安门》；提早制定计划进入演奏区，准备演奏的曲子、伴奏的乐器等。

【活动过程】

1. 选择区域，讲述计划

幼儿选择区域，通过"挂牌"选择自己喜欢的区域进行操作。在进区活动前，幼儿讲述自己制定的进区活动计划。

指导要点：教师通过提问"今天你想演奏什么？""你准备用什么乐器演奏？""你的演奏形式是合奏还是独奏？"等问题引导幼儿较详细讲述。

2. 自主探索，演奏游戏

幼儿按照计划自由开展演奏游戏——选择《我爱北京天安门》乐曲，随乐徒手演奏，选择军鼓演奏《我爱北京天安门》乐曲；探索更多乐趣，使用节奏记录卡，用常见的四拍子节奏型创编乐句，使用军鼓随乐演奏二次创编的作品。

指导要点：游戏中，教师主要以观察和记录为主，鼓励幼儿自主探索。必要时加入幼儿的活动中，通过示范、引导等方式协助幼儿解决问题，掌握军鼓的演奏技巧，利用节奏记录卡探索更丰富的节奏组合并进行演奏。

3. 积极整理，归放物品

将材料和工具分类整理并归位。

指导要点：协助幼儿建立常规，听到指定音乐开始收拾；鼓励幼儿自己收拾材料。

4. 互动总结，分享经验

幼儿描述自己在演奏区演奏的乐曲、创编的节奏型，在游戏中遇到的问题和怎样解决问题等，重整活动经验。

挂牌选择区域

幼儿徒手随乐演奏

用军鼓为乐曲演奏

表演二次创造的乐曲

音乐区活动

思考题

1. 如何根据不同年龄段的幼儿投放音乐区的材料?
2. 请为小班设计音乐区,规划应包括区域布局图、活动目标、开设的区域、投放材料等内容。

区域五 益智区环境的创设和指导

一、益智区布局

（一）益智区整体布局的原则

1. 根据区域的性质和特点进行合理布局

益智区里大部分都是动手操作的材料，因此可以利用墙面、柜面、桌面、区域之间的空地等，为幼儿提供充足的活动空间，方便幼儿自由操作。

益智区整体布局：利用墙面

益智区整体布局：利用柜面

益智区整体布局：利用桌面

益智区整体布局

2. 根据幼儿年龄特点设置区域

不同年龄班级的益智区布局可以有所不同。小班幼儿以自主操作为主，可选择相对安静的地方，适宜与比较安静的语言区、阅读区、美工区相邻，让幼儿能够专注地操作，减少喧闹和攻击性行为。中大班幼儿对益智游戏要求更高，会增加合作、竞赛的游戏，气氛相对比较活跃，可将益智区扩大，分隔为安静操作区和游戏竞赛区。可利用屏风等分隔物进行分隔，使幼儿能够弹性地变换和组合。

益智区和其他安静的区角相邻

利用屏风等物体将益智区动静分割隔开

（二）区中区的布局

1. 棋类区

棋类区是利用各种棋牌在简单的规则下开展游戏的区域。这个角落可配有舒适的桌椅，两个至四个孩子可以一起玩，提供各种棋类，让幼儿边思考边合作地玩游戏，并帮助建立彼此之间的友谊。此外还可以提供一些玩法和规则，帮助幼儿理解和开展游戏，如：象棋中各种棋子的走法；跳棋的正确玩法、人数和准备等指引。

益智区内的棋类区

2. 拼图区

拼图区是幼儿拆卸和组装图案的区域。幼儿可以想象和组装各种形式的图片和立体图案。这个区域要保证拼图种类和数量的丰富性，有各种类型的拼图：如房屋、动物、动画片人物、地图等，并可配置难易标签和水平标记，以便幼儿根据自身能力选择块数不同的拼图。这些拼图使幼儿能够加深对周围世界的印象，锻炼他们的记忆并让他们早日了解世界。同时可以在区角内提供一些拼图技巧，帮助幼儿尽快掌握拼图方法，获得拼图的成就感。

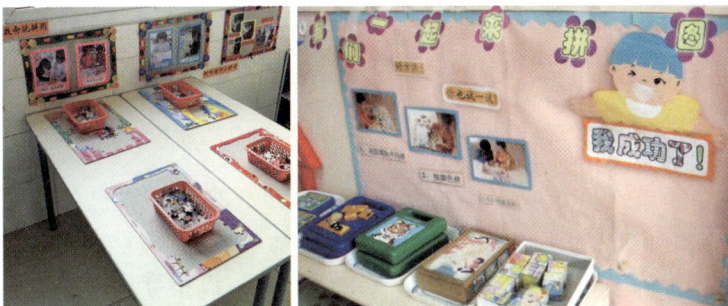

益智区内的拼图角

3. 桌游区

桌游，即桌面游戏，起源于德国，传入中国后成为最受欢迎的休闲娱乐方式，小朋友们也特别喜欢。可创设配有桌椅或地垫等休闲的场景，让幼儿愉快地面对面游戏，从中训练幼儿的思考力、记忆力、联想力、判断力，并学习如何与别人相处、沟通。由于桌面游戏互动性比较强，幼儿玩起来也比较兴奋，所以可利用柜子或屏风将区域分隔开。

益智区内的桌游角

益智区内的迷宫角

4. 迷宫区

走迷宫可以促进幼儿空间推理能力发展,锻炼幼儿手眼协调及细心观察图形的能力。迷宫可以是平面的,也可以是立体的,配有曲折的路线和相应的背景,既是一个迷宫,也是一幅漂亮的场景画。所以迷宫区可以利用墙面操作,节省空间。也可延伸到地面,进行迷宫的路线设计,使玩的价值更大。

5. 智能区

智能区是幼儿通过操作智能设备(如电脑、Pad、一体机等)认识现代科技、感受现代智能的游戏区域。可配有桌椅和休息区,孩子们可以学习如何操控智能设备,还可以通过使用智能设备玩益智游戏。

益智区
环境设计

二、益智区材料投放

(一)益智区材料投放原则

1. 活动材料的适用性

为了提高益智区活动的有效性,益智区材料的是否投放适用在幼儿活动中就起着重要作用。

(1)活动材料生动美观

万物皆有灵性。因此,在投放材料的过程中,注意材料的活力,使材料本身有趣,让幼儿喜欢这些材料,并对这些材料的游戏化和偶发性活动感兴趣。通过这种方式,可以有效避免单一和无聊的操作,从而不断吸引儿童积极参与。

(2)活动材料丰富多样

游戏材料的放置与儿童的游戏行为密切相关。华东师范大学华爱华教授提到"判断一个活动区域的材料是丰富还是缺乏,应该基于儿童的积极和消极行为的增加或减少,而不是材料的数量"。活动领域材料的充足性和丰富性不应仅仅用数量进行衡量,而应尽可能接近活动中幼儿的需求和选择。

教师还应及时调整和补充新材料,以激发幼儿参与活动的兴趣,激发幼儿新的探索活动,不断变化的材料为幼儿的探索和创造性学习带来了更多的空间和挑战。目前,幼儿园教育资源的投入有限,我们应充分利用现有资源,变废为宝,既减少了教师的材料准备负担,又确保了材料类型的丰富性,并教育幼儿学会珍惜和使用资源。

(3)抓住材料投放时机

幼儿通过活动材料了解世界,寻找问题的正确解法,以此来表现自己的想法。因此材料展示的方式和时间直接关系到它们是否能够引发幼儿的探索活动,以及它们是否能帮助幼儿渐渐找寻事物之间的多种关系。老师可以根据特定的主题或任务投放材料,以指导幼儿操作和探索事物之间的各种关系。

2. 活动材料的适应性

在投放益智区活动材料时,教师应考虑到不同年龄段幼儿发展水平的差异以及同一年龄段幼儿的能力差异。

(1)适应不同年龄幼儿的身心特征

不同年龄段的幼儿,发展水平不同,例如小班幼儿依靠行动来认识周围世界,爱模仿,注意力易分散;中班幼儿思维具体形象,开始接受任务;大班幼儿好问,抽象思维萌发。因此,我们应根据不同年龄段幼儿的身心特点,投放不同层次的活动材料,做到有目的、有计划。

(2)适应不同能力幼儿的需求

此外,每个幼儿发展速度、接受能力、技能掌握程度以及对材料的理解程度各不相同。这要求教师根据不同幼儿发展的不同需要,指导幼儿开展活动。在提供活动材料时,我们应该考虑到幼儿的个体差异,并根据幼儿的不同发展水平提供相应的活动材料。

(3)适应幼儿自身发展

幼儿的发展是渐进的,区域活动的材料必须有挑战性。如果材料过难,幼儿操作探索往往不成功,容易产生恐惧,失去参与活动兴趣。如果材料过易,幼儿可以轻松操作,无需任何努力,目标任务可以快速完成,则很容易感到厌倦。因此益智区内提供的材料可以从简单到复杂,逐步增加游戏的难度,使幼儿的发展水平逐步提高,并感受到成功的喜悦。

（二）各年龄段幼儿益智游戏的特点、目标

各年龄段幼儿益智游戏的特点和目标

	3—4 岁	4—5 岁	5—6 岁
游戏特点	◆ 益智游戏比较简单，趣味性多于操作性，启发性多于知识性 ◆ 规则要求低，更注重兴趣培养	◆ 适合本年龄段幼儿身心发展特点，知识性大于娱乐性，游戏规则要求有所提高	◆ 综合性提高，符合本年龄段幼儿的发展特点，知识性大于娱乐性，创造性强 ◆ 规则要求可以改变，幼儿可以在活动中自己提出新的规则
目标	◆ 训练观察能力 ◆ 提升记忆力 ◆ 练习分类、归类能力	◆ 通过游戏发展幼儿各种感觉器官 ◆ 训练有序观察事物与集中注意观察事物的能力 ◆ 正确认识各种物体的特性和用途 ◆ 会用语言代替实物进行想象的能力	◆ 增加知识的广度、拓展知识面 ◆ 发展实际动手操作的能力 ◆ 训练逻辑思维与空间思维 ◆ 发展沟通表达的能力 ◆ 发展创造能力

（三）小、中、大班益智区材料投放策略

基于上述益智区材料投放原则和不同年龄段幼儿益智游戏的特点，教师结合不同的年龄班进行材料的投放，可遵循以下策略。

1. 小班益智区材料投放策略

（1）根据小班幼儿的年龄特点投放具有趣味性的材料

① 例1："给小动物喂饼干"。幼儿将不同颜色、形状的饼干送到小动物的嘴巴里。

小班益智区材料"给小动物喂饼干"

小班益智区材料"七彩套套杯"

小班益智区材料"小狗爬墙"

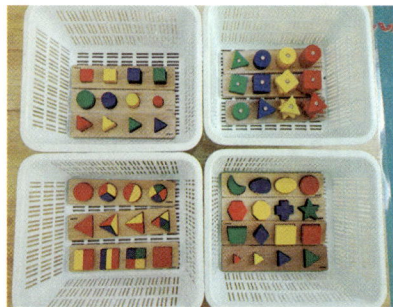
小班益智区材料"图形的分类、配对、排序"

② 例2："七彩套套杯"。给不同大小的杯子进行排序，叠起来比高矮。

③ 例3："小狗爬墙"。幼儿搭出一面砖墙，帮助小狗爬到墙顶上。

诸如此类的材料本身具有直观、形象、有趣的特点，具有情节性和趣味性，非常受小班幼儿的欢迎，使益智区也成为小班幼儿欢乐的小天地。

（2）根据主题活动和教学活动延伸投放材料

例如"颜色分类""图形等分""图形配对"等。这些益智玩教具是教学活动的延续，幼儿可以通过操

作材料巩固对知识的掌握。

2. 中班益智区材料投放策略

（1）体现目标性，有的放矢地投放材料

中班幼儿活动的主动性和积极性很高，开始有自己的看法和见解，能够及时说出自己的想法，并且愿意努力完成益智区的活动，具有参与游戏活动的热情和能力，因此摆放材料时要紧紧围绕幼儿的生活习惯和兴趣爱好。

① 例1："我是环保小卫士"。最近幼儿园都在开展垃圾分类的主题活动学习，为了增加幼儿对垃圾分类的认识，在益智区内适时增加了垃圾分类的操作材料，幼儿根据图片了解不同的垃圾，然后根据垃圾的种类进行分类，深化幼儿的生活经验。

② 例2："几何拼图"。锻炼幼儿的空间思维，幼儿可以根据提供的图案拼，也可以自创拼法，这样可发挥幼儿的想象力和创造力，巩固幼儿对图形的认识。

中班益智区材料"我是环保小卫士"　　　　中班益智区材料"几何拼图"

（2）注重层次性，与幼儿年龄相符

教师要掌握幼儿个性差异和能力水平，不让幼儿因材料过于简单失去兴趣，也不会因材料过于复杂而轻易放弃。

例如"走迷宫"。有图案迷宫、数字迷宫、抽象迷宫，由浅到深，由易到难。

中班益智区材料"由易到难的迷宫"　　　中班益智区材料"购物乐"　　　中班益智区材料"找车牌"

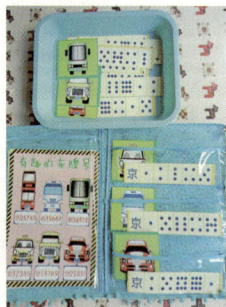

（3）发挥开放性，发展动手和创新能力

① 例1："购物乐"。幼儿根据购物清单选购物品，计算价钱，也可和同伴一起创意地玩记忆游戏。

② 例2："找车牌"。幼儿根据汽车上不同的车牌号码给汽车找点数车牌。

3. 大班益智区材料投放策略

（1）投放低结构材料，鼓励创造性玩法

① 例1："我的小宝盒"。小宝盒里面装有幼儿自己收集的纸片、瓶盖、吸管等低结构材料，可以进行数数、配对、排序、计算等数学游戏，也可创意地进行抓阄、弹射、买卖等创意游戏。

② 例2："好玩的扑克牌"。大班幼儿对扑克牌很感兴趣，可以在益智区投放几副扑克牌，游戏前并没有直接告诉幼儿扑克牌的玩法，而是通过自由探索，一会儿，幼儿就能玩出许多不同的花样：配对、分类、比大小、叠高、拼砌等游戏。

大班益智区材料"我的小宝盒"

大班益智区材料"好玩的扑克牌"

（2）巧投高结构材料，鼓励竞争与合作

① 大班幼儿喜欢带有竞争性的游戏，益智区要满足幼儿挑战的愿望。

例如"好玩的棋类"。小朋友很爱玩飞行棋，但这不能完全满足幼儿的需要，于是投放更多不同种类的棋：跳棋、四子棋、五子棋等，幼儿可以根据自己的喜好选择游戏材料。

大班益智区材料"跳棋""五子棋"

② 大班幼儿思维能力更强了，合作意识也在发展，投放好玩刺激的桌游，激发幼儿合作交往能力。

例如"猫捉老鼠""纸牌任务"。游戏中有裁判和多名玩家，比赛按任务卡完成益智任务，快者胜。既可训练幼儿思考力、记忆力、联想力、判断力、专注力，又可通过与同伴面对面玩游戏，学习与人相处、沟通、合作。

大班益智区材料"猫捉老鼠""纸牌游戏"

（四）益智区材料介绍

不同年龄段幼儿益智游戏的名称与材料投放清单

各年龄段益智区所需材料

	3—4岁	4—5岁	5—6岁
游戏名称	◆ 观察事物关联性 ◆ 不同事物的分类 ◆ 简单的数学游戏 ◆ 走迷宫 ◆ 给娃娃穿衣服	◆ 垃圾分类 ◆ 排序、分类 ◆ 拼图 ◆ 看图搭积木 ◆ 迷宫 ◆ 购物 ◆ 垃圾分类 ◆ 找规律、推理、观察、判断	◆ 下棋 ◆ 拼图 ◆ 纸牌游戏 ◆ 找规律、推理、观察、判断、记忆 ◆ 迷宫 ◆ 垃圾分类 ◆ 桌游
主要材料介绍	◆ 各种卡片：如母鸡和鸡蛋、金鱼和鱼缸、蜜蜂和花、船和大海等 ◆ 各种卡片：如植物、动物、水果、蔬菜、玩具类 ◆ 图形分类、比大小，颜色分类、排序，图形套盒，数物匹配穿绳 ◆ 简单的木质迷宫 ◆ 娃娃穿衣套盒，给娃娃搭配不同的衣物	◆ 各种垃圾图片，可操作的小垃圾桶 ◆ 按大小、多少、厚薄、高矮等对物体进行分类排序 ◆ 各种类型的拼图 ◆ 积木拼搭，立方块，七巧板 ◆ 各种平面和立体迷宫 ◆ 购物清单，各种商品卡片，价格牌 ◆ 各种垃圾图片，可操作的小垃圾桶 ◆ 逻辑狗，乐智高操作玩具，接龙卡	◆ 飞行棋、跳棋、五子棋、斗兽棋、围棋、军棋、国际象棋、象棋、各种游戏棋等 ◆ 各种类型的拼图（块数增多）、比较抽象的地图拼图、七巧板 ◆ 扑克牌、游戏牌 ◆ 方块之谜、停车场游戏、数独①游戏、华容道、魔方、金字塔 ◆ 迷宫大挑战、乐高积木自由拼搭迷宫、各种废旧物（纸皮、盒子等）拼搭迷宫 ◆ 各种垃圾图片，可操作的小垃圾桶 ◆ 猫捉老鼠，看谁找得快

案例 5-1　中班益智活动：好玩的图形拼搭

【活动目标】

1. 尝试找到各种合适的图形，按底板提示拼搭出不同的图案；

2. 激发观察事物的兴趣，发展观察的细致性和敏感性，提高手眼协调能力；

3. 懂得遵守游戏规则，感受参加益智活动的乐趣。

【活动准备】

1. 大小、颜色、形状不同的图形若干；

2. 各种图案底板。

【操作要点】

1. 按图案底板上所示的图形大小及形状找到相应的图形；

2. 找到匹配的图形后，将其放在底板上，完成后说出自己拼搭的物体像什么；

3. 可换不同难度的底板挑战游戏，拼搭后可鼓励幼儿介绍自己的拼搭图案。

【指导建议】

1. 老师在游戏前可简单与幼儿巩固复习各种图形，激发玩游戏的兴趣；

2. 鼓励幼儿仔细观察底板，可用比较、旋转图形的方法尝试拼摆；

3. 老师可参与到游戏中，鼓励幼儿一起观察交流，一起拼搭。

【观察记录】

　　小烨来到益智区，盯着柜子里面的游戏材料看了好久，选择了他之前没有玩过的"图形拼搭"游戏。小烨看着各种图形和"图形任务卡"，拎着"图形宝宝"摸索了一会儿，将装在盒子里的图形倒了出来，然后拿起一块正方形的图形放到"小车"图案上的正方形对应处，紧接着又成功地将一块菱形对应拼好。

　　随后，小烨随手拿出了一块三角形的积木，转动着图形想要寻找一个合适的位置放进去，试了两次

---

① 数独：一种数字推理游戏。

没放对,他就放下了这个图形,自言自语地说:"这个怎么放呀?"对面的佳佳听到了这句话,抬头说:"我会玩,我帮你。"然后,她看了看小烨的底板,很快地指出了三角形所放的位置,小烨马上领会到了,将这块组合图形慢慢地放进去,说:"原来是这样玩的啊。"

于是,小烨饶有兴趣地拼了一张又一张,碰到困难时,自言自语说:"怎么这个放不进去呢?"上上下下调整了几次位置,终于放对了,他开心地说:"我成功咯!"

【活动评价】

当小烨拿到积木,进行按图摆放时,有些图形匹配不了。但是他没有放弃,继续操作摆弄游戏材料,并发出了疑问"怎么放不进?为什么放不进?"小烨看见佳佳放进去了之后,观察到图形的形状及"底板"上各种图形之间的联系,然后再一次去探索组合图形与图形的对应关系(图形和位置的一致)。在参与益智活动的过程中,小烨对感兴趣的事物能仔细观察,发现其明显特征,在遇到困难时能模仿同伴的行为,通过观察、操作、比较和多次尝试,激发了较强的探索欲望,也较好地发展和促进了他的思维能力。

认真观察,仔细拼搭

益智区活动

思考题

1. 老师如何在益智区中创设一个帮助幼儿提高和展示自己思维能力的空间?

2. 老师如何做到通过丰富的益智类游戏材料辅助活动教学,并最大限度地满足每个幼儿的不同发展需要?

区域六 表演区环境的创设和指导

一、表演区布局

（一）表演区整体布局的原则

1. 区域规划要动静相宜、因地制宜

表演区因幼儿之间需要相互沟通、协商、交流合作，活动时会出现嘈杂的声音，为避免干扰到需要安静区域的活动，在空间划分上应做到动静相宜。如表演区可设置在活动室的阳台、走廊或者远离安静区域的位置。表演区应保证至少有6平方米的空间为宜，场地选择以靠近电源、建构区等为佳。

2. 区域环境布置要美观、和谐

合理地利用墙面、地面、区角柜、走廊等空间，这些空间可以利用悬挂透明的帷幔或软轻纱、镂空的屏风彩条等材料进行空间的分隔，还可以利用一些自然物、彩纸进行悬挂装饰。装饰的效果是让幼儿自然地辨识到表演区的范围，同时营造了表演氛围。

3. 表演区材料的提供需将开放与封闭灵活地相结合

表演区材料的提供需开放，易于幼儿取放与选择，摆放、悬挂的方式也可同时考虑，且区域中的材料需安全轻便、牢固耐用，易穿戴。投放的材料要进行分类（如帽子类、衣服类、道具类等），让幼儿可以更好地进行自主收拾与整理。

表演区材料还需具有层次性、审美性，如为小班幼儿提供的服饰道具应更加形象生动、特征突出，中大班可以多为他们提供半成品，鼓励他们参与场景材料的准备过程。材料需具有创造性，可以设置百宝箱（包含一些生活中的材料、工具），幼儿在活动中如果产生了新想法、新需要时，可以鼓励他们从中寻找所需材料，使用这些材料。

材料的提供还需要考虑数量，有时过多的材料反而会让孩子无从下手，因此可以从提供少量材料开始。材料投放需要进行阶段性的调整，包含增加或减少，或是对某些材料的改变，对准备收起来的材料可以进行整理、归类，以便今后使用。材料的收集与制作还可以采用亲子形式，鼓励家长参与。

（二）区中区的布局

1. 表演道具区

表演道具区是提供给幼儿的小剧场、木偶戏、电视播报、歌舞、节奏韵律等表演活动中的角色形象进行服装、道具及场景装扮的活动场所。此区域设置可与舞台区相邻，提供服装衣架、收纳篮、乐器及放置

表演道具区实景

表演装扮区实景

层架,辅助电器、环境饰品、服装饰品等材料。材料分类摆放,并贴有明显标签。

2. 表演装扮区

装扮区是幼儿选择服装和饰品后进行装扮、化妆的场所。此区域靠近道具区,且设有镜子和桌椅,方便幼儿更换服装和化妆,提供幼儿化妆台、化妆饰品和镜子等材料。

3. 舞台表演区

舞台区是供幼儿进行表演游戏的场所,舞台的背景可利用墙面、地面空间进行装饰以营造表演的氛围。舞台可以是区域内固定的,也可以是流动的。当场地资源不足或活动需要时,可用方便收拢的屏风类、挡板类物品创设成流动舞台。舞台表演区前方应留有空间设观众席。此区内提供音乐播放设备、麦克风、谱架、话筒架、观众席凳子等材料。

故事大王舞台实景

播报台实景

小舞台实景

二、表演区材料投放

表演区材料应根据幼儿的年龄特点、学习方式及需要来投放。依据《指南》,各年龄段幼儿在表演区的发展目标梳理和概括如下:

（一）各年龄段表演区发展目标

各年龄段表演区发展目标

	小班	中班	大班
表演道具区	◆ 会根据自己喜好,为表演选择道具 ◆ 能对角色进行简单的装饰 ◆ 在场景布置中,尝试摆弄道具 ◆ 愿意用语言与他人交往,喜欢应答,并能注意倾听他人讲话 ◆ 在教师指导下,愿意收拾整理道具	◆ 选择与表演角色匹配的服装和头饰,进一步了解各种道具服装的特点 ◆ 根据表演需要选择道具,并选择各种美术材料和工具,大胆使用并创造性地设想与制作 ◆ 尝试根据生活经验组合道具,创设生活场景 ◆ 主动与同伴交往、合作,能进行简单的分工 ◆ 对自己选择的角色和作品满意 ◆ 自觉整理道具	◆ 了解更多道具在不同表演中的作用,选用道具的数量和款式增加 ◆ 根据表演需要制作道具,道具使用注重搭配,能结合自己的理解,进行创造性的制作,在制作过程中,积极动手、动脑,克服困难 ◆ 带有创造性地选择不同的道具,搭建丰富、适宜的场景,能根据计划进行分工、合作,并在需要时进行调整 ◆ 主动、自觉收拾整理道具
表演装扮区	◆ 喜欢模仿成人,尝试化妆 ◆ 喜欢自己装扮,愿意与他人分享自己的装扮 ◆ 能帮助同伴	◆ 会根据自己喜好化妆 ◆ 会对自选的角色进行大胆装扮 ◆ 能与同伴友好合作	◆ 会根据表演节目、人物角色的特点选择化妆品、饰品等 ◆ 注重妆容、装扮的完美性,装扮时能根据自己的设想进行调整 ◆ 能与同伴合作、分工完成工作

		小班	中班	大班
舞台表演区	语言类表演（小剧场表演、木偶表演、电视播报表演等）	◆ 初步理解作品的内容和情感，尝试以用语言、表情、动作等表达自己的感受 ◆ 初步学会使用表演道具，有模仿事物形象和动态的兴趣 ◆ 愿意观察、模仿与表现感兴趣的动物和人的动作与表情，并尝试加入自己的想象 ◆ 能够在表演游戏中探索周围的世界，表达对日常生活的理解和感受 ◆ 愿意用语言与他人交往，喜欢应答，并能注意倾听他人讲话 ◆ 初步体验规则的作用，初步学会等待、轮流和分享，能判断一些简单行为的对错 ◆ 表演后愿意收拾整理道具，做自己能做的事情，体验自尊、自信	◆ 能结合故事、诗歌等儿童文学艺术作品，感受不同表演作品的基本情绪和情感，确定简单的表演主题，进行大胆表演 ◆ 积极参与表演游戏环境的创设，能根据表演的需要制作简单的舞台道具，发展小肌肉 ◆ 能充分利用道具，模仿人物的语言、表情、动作，创编简单的故事情节 ◆ 能够尊重他人对美的感受和表达方式；积极主动与同伴交往、合作，主动进行角色交流，体验合作表演的快乐 ◆ 学会收拾整理玩具和物品	◆ 能完整地理解作品的含义，体会角色的情绪情感，大胆地想象和创造，并用自己喜欢的方式大方而自然地表演 ◆ 表演中体验表演给自己和他人带来的愉悦 ◆ 会制定表演区的活动计划，并有步骤地执行 ◆ 在表演过程中，能根据计划进行分工、合作，并在需要时进行调整 ◆ 能比较客观地评价自己和他人的表演，听取他人对表演有帮助的建议，不断提高表演水平 ◆ 表演后能自觉、有序地收拾、整理表演用的道具和场地
	音乐类表演（歌表演、节奏乐演奏、韵律表演）	◆ 能演唱节奏明显的歌曲 ◆ 对音乐节奏有初步的感知，能随乐曲合拍地做简单的动作 ◆ 初步学会看指挥开始和结束表演 ◆ 能尝试根据歌词或音乐仿编一般的生活性动作 ◆ 喜欢与同伴一起表演	◆ 表演和唱的内容相一致，喜欢在集体中歌唱，并能大胆地、独立地在集体面前表演 ◆ 尝试根据音乐的特点进行配器，创编简单的表演动作 ◆ 能感知、记忆音乐，随音乐的节奏变化而变化表演动作 ◆ 会用律动模仿动作或简单的舞蹈动作进行表演 ◆ 能主动与同伴交往	◆ 能有感情地演唱歌曲，喜欢歌唱，能自信、独立地在集体面前进行歌唱表现，并能在集体中尝试用不同的合作表演形式歌唱 ◆ 能感受歌曲的节奏、韵律感的变化，并能及时地随音乐的变化而变换表演动作 ◆ 尝试根据对音乐的理解，按自己的想象进行创编动作，抒发情感 ◆ 能即兴边看指挥边演奏乐器，能随音乐合拍、有韵律感地做舞蹈动作 ◆ 尊重他人，积极主动与同伴交往

（二）表演区材料介绍

基于各年龄段幼儿的发展目标，结合不同表演内容的活动特点进行材料投放有不同的注意事项。分析如下：

各年龄段音乐区所需材料

区中区名称		材料清单	投放说明		
			3—4 岁	4—5 岁	5—6 岁
表演道具区	道具	◆ 角色服装、舞蹈服装、头饰、手偶、头巾、化妆盒、镜子、面具、帽子、假发、发夹、仿真花、布偶、面具、彩条	◆ 选用动物类或日常生活常见物品	◆ 故事表演服装道具为主 ◆ 适量的低结构材料	◆ 根据主题投放故事所需操作材料 ◆ 增加低结构的材料的投放数量 ◆ 表演节目海报制作材料
	乐器	◆ 铃鼓、撞钟、手铃、响板、木鱼、三角铁、大小鼓、杯琴、沙罐、架子鼓	◆ 选五种乐器为宜	◆ 投放六至八种常见乐器	◆ 可提供小钢琴、木琴、双响筒等乐器
	设备	◆ 录音机、磁带、话筒、图书、百宝箱（废旧材料——纸箱、瓶罐、布、塑料纸等）	◆ 老师协助播放音乐	◆ 自己放音乐 ◆ 提供适宜数量的半成品	◆ 自己放音乐 ◆ 投放不同材质和款式材料

区中区名称	材料清单	投放说明		
		3—4 岁	4—5 岁	5—6 岁
表演装扮区	◆ 全身镜、半身镜、小镜子、化装台、椅子、饰品(头箍、发夹、头花、丝巾)收纳盒、梳子、化妆品(粉扑、腮红扫、喷雾瓶等)	◆ 三种以内常用化妆品、饰物 ◆ 教师需适时提供帮助	◆ 1—2 种化妆图示	◆ 2—3 种化妆三段卡
舞台表演区	◆ 表演舞台或空地(彩绸布、紫绒布、窗纱布,平面或皱折等样式彩条纸)、屏风式的活动小舞台(折叠屏风)、电视屏幕式的立体小舞台、播报台(娃娃家贩卖台)、舞台幕布、音响设备(话筒、话筒架、播放器)、小椅子、屏风、海报架(放置节目单、指引图等)	◆ 与艺术领域结合,有背景,有支持	◆ 背景环境支持:剧本、剧照、节目单、海报、门票、座位号、背景 ◆ 场景留有部分空间,供幼儿选择需要的道具进行布置	◆ 背景环境支持以幼儿意愿为主,场景布置留有更多空间供幼儿自由布置

(三) 区中区材料介绍

1. 表演道具区

(1) 道具

角色服装

舞蹈服装

各种头饰

面具

手偶

假发

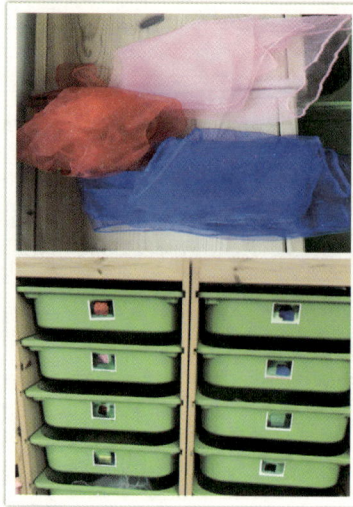

丝巾

背景板

（2）乐器

小鼓

木鱼

手摇铃

铃鼓

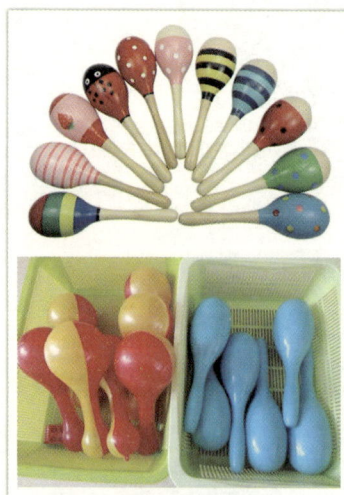

沙锤

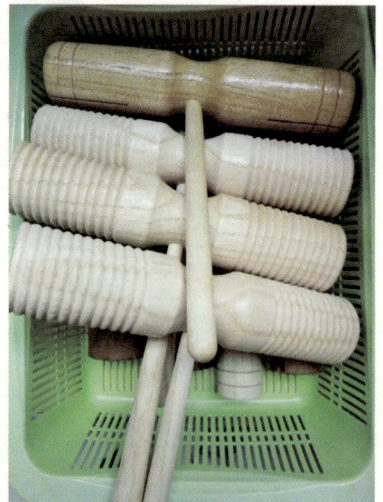

双响筒

架子鼓

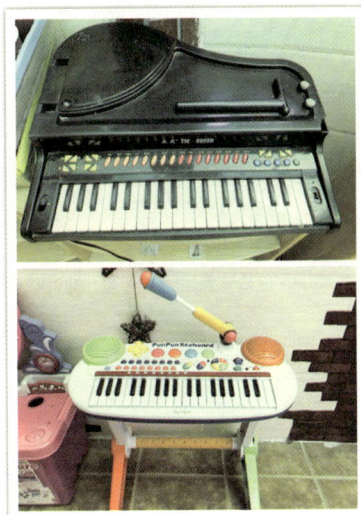

电子小钢琴

（3）设备

录音机

平板电脑

话筒

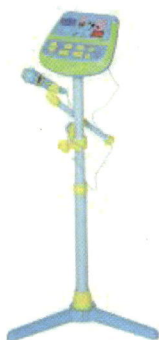

幼儿点唱机

表演类故事绘本

百宝箱

2. 表演装扮区

全身镜

化装台

发夹

头花

化妆品

收纳盒

3. 表演舞台区

纱布

绸布

娃娃家卖票台

海报架

音响设备

小屏风

表演区环境设计

案例 6-1 小班故事表演游戏《小熊醒来了》

【故事内容】

熊妈妈很早就起来外出干活了,小熊还在甜甜地睡觉。鸟儿唱着歌叫小熊起床,"喳喳啾! 喳喳啾!"小熊没听见。小猫来叫小熊起床啦:"喵喵,喵喵!"小熊还是没听见。小狗大声喊:"汪汪! 汪汪!"小熊睡得很熟,什么也听不见。"吱吱! 吱吱!"是老鼠来了,小熊还睡着。"咚咚! 咚咚!"是大象来了,地都震动了,小熊还睡着。熊妈妈回来了,轻轻地在小熊耳边说:"小熊醒来吧!"小熊听得很清楚,说:"噢,妈妈我睡得好香呀!"小熊睁开眼睛醒来了。

【游戏准备】

1. 前期经验:讲述故事《小熊醒来了》,帮助幼儿理解故事情节。熟悉角色对话。例如:小狗是怎么叫小熊起床的?("汪汪! 汪汪!")

2. 材料提供:小熊、熊妈妈、小鸟、小猫、小狗、老鼠、大象等动物头饰。

3. 环境布置:张贴故事流程图。

动物头饰

故事流程图

【游戏玩法】

1. 幼儿 7 人一组,一起回顾故事内容,加深对故事的理解。教师可通过提问引导幼儿回忆:故事里有哪几个小动物在叫小熊起床? 是谁先来的? 它是怎样叫小熊起床的?

2. 师幼分析、模仿动物角色声音、动作的特点,如:小猫是怎么叫的? 声音是大声的,还是小声的? 是轻轻的? 还是重重的?

3. 鼓励幼儿根据意愿选择动物角色进行扮演,进行游戏活动。教师可以做旁白支持幼儿的表演,适时用动作提醒动物角色的先后顺序。

4. 分享表演的感受。教师可以询问幼儿你觉得自己表演得怎么样? 你觉得小狗的声音怎么样? 有时候为什么接不上? 有什么好办法?

【观察要点】

重点观察幼儿是否通过表情、肢体语言辅助表演动物的声音特征,是否明确自己是哪一位角色,是否有抢先说或者忘记说的情况,是否在教师和同伴的提示下坚持表演。

【指导建议】

1. 教师讲述故事时,根据流程图内容,运用面部表情和肢体语言来表现动物角色的声音特征,帮助幼儿理

表演游戏——小熊醒来了

解和记忆。

2. 在分享与交流时,教师引导幼儿讨论话题,如小狗的声音是大的还是小的? 你喜欢谁的表演? 为什么? 帮助幼儿从中感知自己和他人表演的相同点和不同点,丰富幼儿的游戏经验。

3. 在幼儿表演过程中,当幼儿抢先说或忘记说衔接不上时,教师应给予肢体语言的提示。

【价值分析】

幼儿在表演游戏过程中,学会通过自身的声音特点以及肢体语言表现动物角色。当出现抢先说或者忘记说的情况时,能够在他人的提醒下坚持表演,体验了分享、合作、交往、沟通的乐趣。

案例 6-2 中班歌舞表演《你笑起来真好看》

【游戏准备】

1. 前期经验:和幼儿一起欣赏和学唱歌曲《你笑起来真好看》,引导幼儿理解歌曲所传达的爱意和幸福感;引导幼儿观看相关的舞蹈视频,丰富动作经验,特别是帮助他们了解并学习表达爱和祝福的手势、表情、动作等。

2. 材料提供:在道具区投放魔法棒、心形道具,仿真花、丝巾、演出服装等道具材料。

3. 环境创设:在表演区创设"快乐舞台"。设计舞台背景,在表演舞台区上空悬挂心形、彩条带等吊饰,提供一体机、音乐、相关舞蹈视频。

【游戏玩法】

1. 幼儿根据自己的需要,进入道具区挑选自己喜欢的道具进行准备。

2. 幼儿进入游戏区,根据自己的意愿选择、观看视频,模仿舞蹈动作或听音乐自主创编舞蹈动作。

3. 播放音乐,幼儿可以尽情地感受音乐并尝试用自己喜欢的方式、喜欢的动作大胆表演。

4. 游戏结束,幼儿将使用的道具材料整理归位。

5. 在教师的引导下,幼儿尝试评价自己和同伴的表演。

【观察要点】

观察幼儿参与活动的状态是否积极,幼儿的舞踏动作是否合拍,是否能大胆、自信地运用表情、肢体动作等表现歌曲所要表达的情绪情感。

【指导建议】

1. 游戏前,根据空间的大小提醒幼儿商量以下问题:几个人组成一组表演? 在哪个位置上表演最安全并且互不影响?

2. 当幼儿在舞踏过程中(特别是自主创编时)遇到困难时,教师可用一个眼神或一个手势提示幼儿,也可以像朋友一样和幼儿一起舞蹈,唤起幼儿的已有经验,启发他们的创造性思维。

3. 重点提醒幼儿动作要合拍,要传达出歌曲所表达的情绪情感,要保持微笑。

4. 可建议幼儿轮流当观众或演员,这样在节省体力的同时也能学会互相欣赏。也可增设观众席,

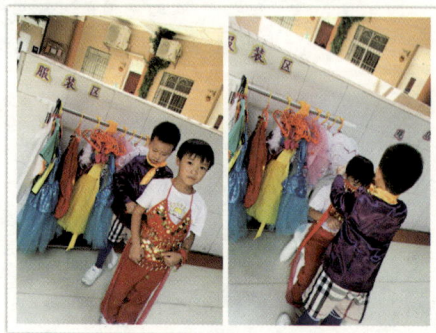

表演游戏—装扮　　　　　　　　表演游戏—歌舞《你笑起来真好看》

邀请其他小伙伴来观看表演。

5. 在幼儿游戏时,教师可用手机或录像机有重点地进行拍摄以便更加直观地记录幼儿的表现。

6. 在游戏的最后,可引导幼儿结合教师拍摄的视频,重点围绕"今天创编了哪些新的动作""表情怎样""节奏如何""今天有哪些好的或需要改进的地方"等问题进行自评和互评。

【价值分析】

在活动中,幼儿的表现欲非常强烈,优美的音乐激发了他们的创造力,让他们和音乐融为一体,学会了动作与歌词的配合。在这个过程中,他们得到了极大的满足感,也享受了成功感,提高了自信心,同时肢体协调能力和音乐节奏感、表现力也得到了增强。

案例 6-3　大班 T 台秀《我型我秀》

【游戏准备】

1. 前期经验:引导幼儿观看职业模特的表演视频,与幼儿讨论模特的台步、如何亮相、摆造型以及他们的表情等。

2. 材料提供:搜集走秀的背景音乐;投放各色服装、帽子,墨镜、项链、头饰等装扮材料。

3. 环境创设:在表演区创设走秀 T 台,制作舞台背景,铺设两块红色的地毯,布置成 T 台形状。

【游戏玩法】

1. 幼儿选择自己喜欢的饰物进行装扮。

2. 装扮完成的幼儿走到下台一侧,教师可引导幼儿回忆视频中模特走秀的台步、造型、表情等。

3. 播放走秀音乐,幼儿开始登上 T 台,伴随音乐的节奏,迈出合拍的台步,走到台前或台中时摆出自己喜欢的造型亮相。

4. 走秀游戏结束,幼儿将装扮材料整理归位。

5. 幼儿尝试评价自己和同伴的走秀表演。

【观察要点】

重点观察幼儿参与活动的状态是否积极,游戏兴趣的时长怎样;关注走秀时幼儿是否大胆、自信,台步是否合拍,能否摆出不同的造型动作;能否与同伴协商解决游戏中的矛盾冲突。

【指导建议】

1. 游戏中幼儿之间容易出现不和谐的状况,关注幼儿如何处理和应对。

2. 可指导幼儿在 T 台上做标记,作为走秀中停顿、摆造型、转身等环节的提示。

3. 重点提醒幼儿台步要合拍,神情自然、大方,造型每次可变化。

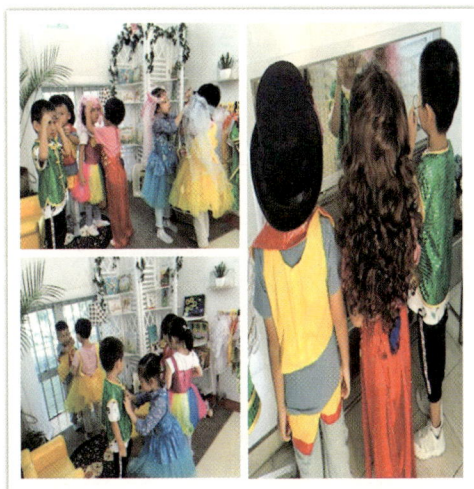

我型我秀装扮花絮　　　　　　　我型我秀表演造型

表演游戏分享环节

4. 建议幼儿关注同伴走台时动作的协调性和造型的姿态,拓宽游戏思路。

5. 引导幼儿重点围绕台步、表情、造型等进行自评和互评。

6. 可引导幼儿增设观众席,邀请小伙伴来现场看自己的表演。

表演区幼儿活动

【价值分析】

走秀游戏让部分幼儿克服了羞怯、胆小的心理,增强了自信,并且也发展了幼儿的
表演才能,提高了幼儿的肢体协调能力和音乐节奏感,让幼儿沉浸在美的享受中。此外,走秀游戏也锻炼了幼儿解决问题的能力,让幼儿学习处理同伴间的矛盾冲突,同时也能让幼儿发现同伴身上的闪光点,懂得欣赏他人的优点。

思考题

1. 各年龄段表演区投放的材料是否满足幼儿进行表演的需要?

2. 教师指导表演游戏的基本方法有哪些?

区域七 角色区环境的创设和指导

一、角色区布局

幼儿园角色区又称角色游戏室,该区域的目的是为了打造一个与幼儿生活相关的场景,让幼儿通过角色扮演的游戏,从侧面了解社会,增加社会生活经验,为幼儿创设自由活动、分享活动等机会创造条件,能使幼儿的语言表达能力在与同伴交往、交流中得到提高。通过与环境、材料的对话,能帮助这些幼儿增强角色意识,使他们在游戏中能获得更多成功的体验和游戏的乐趣。

(一)角色区整体布局的原则

1. 温馨适宜、空间巧利用

幼儿的角色扮演活动主要是模仿和想象现实生活的一种游戏,所以小班幼儿的生活体验主要来源于家庭生活,中大班来源于社区生活,因此在创设情境时应遵循幼儿的兴趣点创设温馨自由的游戏场所。同时可考虑室内与室外的场所相结合,室内空间的狭隘性与室外空间的可自主创设发展的开放性进行互补,可以促使幼儿更多地交流与合作,以促进幼儿多元智力的开发和个性的发展。

2. 动静交替、独立而开放

创设安全、独立的游戏空间使幼儿能够宽松自在地倘佯于喜爱的游戏中。但幼儿的年龄特点又决定了孩子在游戏中的坚持性尚不够稳定,我们的区域既是独立的,又是开放的,因此要注意动静交替,重视区角之间的相容性。利用橱柜的间隔使区域既有明显的划分,又留给孩子较大的空间,便于孩子随时自由地出入。操作活动为主的角色扮演区应和建构、表演类的放在一起,而应远离静态的图书区、数学区。

3. 规则统一,标识明确

没有规矩,不成方圆。统一的游戏规则和明确的标识,保障了活动的基本进程,保障了幼儿在活动中的基本权利,制约了不符合活动要求的行为。更重要的是,规则提示帮助幼儿了解活动规则的意义,调整自己的行为,在一定程度上推进了幼儿社会情感和社会行为的发展。

4. 投放适宜材料

角色游戏作为幼儿的自主游戏,其教育目标更多蕴含在环境材料中。应根据幼儿的年龄特点、发展需要提供相应的环境材料。

小班角色游戏区的材料要求更加真实、接近幼儿生活易操作的材料,用真实的物品引发幼儿的游戏情节的带入,随着幼儿年龄的增长,材料的替代性成分也在逐渐加大,区域的设置也由固定到开放,支持幼儿创造性使用材料。中班我们应提高幼儿以物代物的能力,少提供成品材料,多提供半成品材料或者支持性材料。而大班可以为幼儿提供主题道具和分类道具箱,由幼儿自主探索,充分满足幼儿自主游戏的需要,拓展游戏情节。

(二)角色区的布局

1. 室内:一般多以娃娃家、医院、超市、餐厅、花店等特定主题为主。

2. 室外:提供各种开放性的材料,幼儿自主创设开放性的游戏主题。

二、角色区材料投放

角色区一般包括娃娃家、医院、超市、餐厅等,凡是生活中幼儿接触到、了解到的活动,幼儿都可以进行角色扮演。角色区的材料投放应根据幼儿的年龄特点及具体场景而定。根据《指南》,对各年龄段幼儿在角色区的发展目标进行梳理和概括如下:

娃娃家

花店

室外自创水壶店

室外自创婚纱店

室外自创理发店

医院

（一）各年龄段角色区发展目标

各年龄段角色区发展目标

	3—4 岁	4—5 岁	5—6 岁
第一学期	◆ 有初步的角色意识，喜欢运用玩具、材料扮演熟悉的、感兴趣的角色 ◆ 游戏中知道自己扮演角色的名称，学习模仿角色的行为和语言 ◆ 乐意和同伴进行交往 ◆ 在教师帮助下，初步学会整理玩具和材料，知道爱护玩具	◆ 观察了解周围熟悉的社会交往活动，有初步的感性经验 ◆ 在游戏中明确角色的职责，能进行角色交往 ◆ 在教师指导下，会为游戏寻找替代品 ◆ 游戏评价时，能在教师启发、鼓励下，发表自己的意见	◆ 游戏时能先构思游戏情节后行动，增强游戏目的性 ◆ 在教师引导下能合理分配角色，较形象地扮演角色，按角色职责行动 ◆ 能用想象中的物品或动作替代所需物品，有初步的想象力和创造力 ◆ 在教师引导下，乐于对自己、他人的言行做出正确评价

	3—4 岁	4—5 岁	5—6 岁
第二学期	◆ 能运用玩具、材料扮演熟悉的感兴趣的角色 ◆ 明确自己所扮演的角色,会模仿角色的典型行为和语言 ◆ 会进行初步的角色交往 ◆ 在教师帮助下,学会整理玩具、材料,参与游戏的评价	◆ 观察了解人们的基本交往活动,并进行初步的模仿活动 ◆ 在教师启发帮助下,会按自己的意愿提出游戏主题,商量游戏规则 ◆ 初步有为游戏寻找替代物、自制玩具的能力 ◆ 在教师帮助下,学习讨论解决游戏中出现的问题,对游戏进行简单的评价	◆ 能提出自己的意图和设想,确定游戏主题和计划,并实现计划 ◆ 在教师引导下,会丰富和加深游戏情节,能较逼真地扮演角色 ◆ 在游戏中乐于自制玩具,有初步独立解决问题的能力 ◆ 能积极参与游戏的评价活动,并对游戏进行较具体、准确的评价

(二)角色区材料介绍

不同的年龄阶段的孩子游戏特征是不同的。如小班幼儿的游戏特征主要表现为:喜欢摆弄操作材料,个人或两三人游戏较多;角色意识容易受环境及材料的影响而产生;游戏情节比较单一且喜欢重复,如娃娃家会反复过生日等。而中班幼儿在游戏中交往意识明显增强,她们希望受到同伴关注,喜欢小组式的游戏。由于游戏情节的日益丰富,替代玩具越来越多地被使用;到了大班,幼儿的游戏情节变得丰富,动态明显,主题的变化性较大,游戏冲突明显增多,对于素材类材料的需求越来越大。基于上述各年龄段幼儿的发展目标,结合不同的角色游戏主题进行材料投放如下:

各年龄段角色区所需材料

	3—4 岁	4—5 岁	5—6 岁
材料特征	◆ 仿真材料 ◆ 可操作性材料 ◆ 情景性材料	◆ 可流动性材料 ◆ 半成品材料 ◆ 可替代性材料	◆ 合作性材料 ◆ 情感性材料 ◆ 素材类材料
举例说明	◆ 饺子、面条、饼干、荷包蛋、米饭、面包、蛋糕、披萨、胡萝卜、青菜、辣椒、鱼、寿司等 ◆ 橡皮泥、模具、小被子、小衣服、衣架、各种盒子、娃娃家餐具、理发店工具、超市商品、娃娃家具、煤气灶、建构玩具、医生工具、收银机等 ◆ 领带、帽子、围裙、厨师帽、医生服装、眼镜、手机、小推车、照相机、吸尘器、饮水机、洗衣机、冰箱、晾衣架、各种招牌、提款机等	◆ 可移动招牌、小推车、屏风、串烧架、花篮、拍片室、X光片、订货单、照相机、摄像机等 ◆ 可开启的饼干盒、提篮、蛋糕盒包装、切割整齐不同形状的泡沫块、经过包装的纸盒等 ◆ 泡沫、海绵、大小纸盒、卷筒纸芯、纸棒、不同大小的布、纱巾、报纸、牛奶盒、饮料瓶、纸杯等	◆ 冰淇淋车、花店推车、小话筒、照相机、摄像机、医生护士服装、面包、蛋糕、小车等 ◆ 情感小舞台、各式服装、面具、爱心标志等 ◆ 丝巾、花、海绵积木块、小石子、小贝壳、木头块、松果、小木条、扭扭棒等
常见主题	娃娃家、小医院、超市、理发店、餐厅、银行、面包店、宠物医院等	娃娃家、医院、理发店、美食城、配送中心、照相馆、蛋糕店、饮料店等	旅行社、电影院、面包房、理发店、花店、地铁站、鞋店等

(三)常见角色区材料介绍

1. 娃娃家

仿真娃娃

儿童床

厨房用具及食品

梳妆台及化妆品

仿真披萨

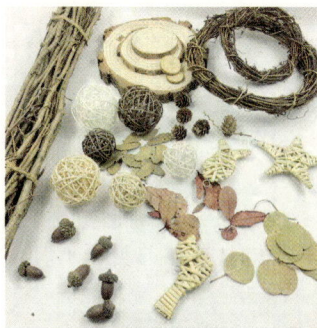

低结构材料

娃娃家环境设计

娃娃家活动

2. 小医院

视力检测表

医生检查工具

挂号收费台

医生服装、病历单

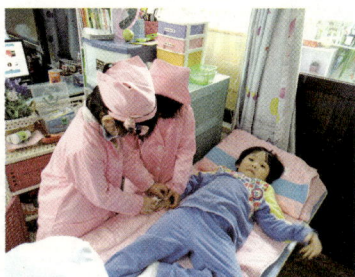

护士服装、病床

药品(买药)

3. 超市

收银机

文具

玩具

日用品

货架

购物篮

可替代性材料—木头块

可替代性材料—小石子

4. 餐厅

厨师、服务员制服

调料类

平底锅、汤锅、炒锅

电磁炉、洗菜盆、勺、案板

桌椅

收银机、钱币

仿真面包

仿真蔬果

幼儿自制材料：披萨、烤肠、煎鱼、饺子等

自然材料：树枝、树叶、石头、贝壳等

案例 7-1 小班娃娃家活动

【材料投放】

1. 主要材料

利用窗帘、地毯、墙饰、照片等创设温馨的娃娃家大环境，加入帐篷、自制电视机组合、自制冰箱、沙发组合、小厨房、餐桌、架子和篮子等丰富娃娃家场景，创设出包含卧室、客厅、餐厅、厨房的一个温馨的"家"。

娃娃家环创一览

客厅一角

2. 辅助材料

投放各种人物或动物毛绒公仔，娃娃、毛毯、奶粉罐、奶瓶、尿不湿、娃娃衣服、梳子镜子、电话、台灯、旅行箱、乐器、听诊器、针筒、抱枕、餐具、厨具，各种仿真食物如塑料蔬果、鹅卵石、毛线团、小木块、毛毛球等材料。

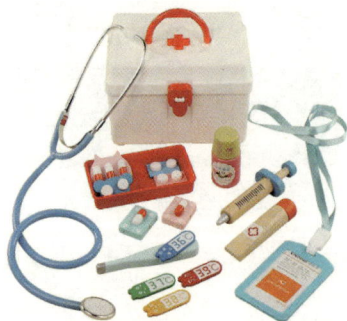
医院材料

温馨抱枕

【活动过程】

打电话

给宝宝换尿不湿

哄宝宝睡觉

生日会

案例 7-2　中班茶艺馆活动

【材料投放】

1. 主要材料

角色区主题墙一块、区柜3个、桌子两张;大量各种各样的茶叶、茶叶盒、茶叶罐和茶叶塑料瓶,茶具若干套、茶壶2个、茶筒、茶漏、茶夹、茶针;托盘若干个。

泡茶工具

茶具

茶叶盒

茶叶

2. 辅助材料

贝壳、钮扣、毛毛球、鹅卵石、筷子、擦布、花瓶、假花等,用于让幼儿以物代物,贝壳、钮扣、毛毛球、鹅卵石等代替喝茶时搭配的食物,花瓶与假花用作美化茶艺馆。

毛毛球

贝壳

【活动过程】

认识茶叶

炒茶

泡茶

品茶

案例 7－3 大班餐厅活动

【材料投放】

1. 餐厅工作人员的服饰,如服务员、厨师戴的帽子,穿的衣服和围裙;

2. 生活中的厨房用品,如厨房灶具、锅碗瓢盆;顾客用餐的桌椅、餐具、柴米油盐等;

3. 各种仿真食品,如面包、鸡蛋、青菜;

4. 设立"收银机"进行代币游戏;

5. 自然材料进行以物代物,如树叶、树枝、石头;

6. 废旧物材料,如奶茶杯、纸碟、纸碗等;

7. 幼儿自制用品,如食物、餐具、餐单等。

餐厅全景

【活动过程】

顾客点菜

服务员上菜

厨师做菜

顾客买单

角色区环境设计

角色区活动

思考题

1. 对于同样的角色游戏区,不同年龄段怎样呈现其应有的层次递进性?

2. 如何帮助幼儿确定游戏主题、丰富游戏内容,而不影响幼儿的主动性?

3. 幼儿在游戏中缺乏角色意识,喜欢自己跟自己玩,很少和其他伙伴交流和交往,教师该怎么指导?

区域八　科学区环境的创设和指导

一、科学区布局

(一) 科学区整体布局的原则

幼儿园区域活动的开展,关键要素有四个:环境、材料、儿童和教师。实现良好的区域环境布置和材料投放,是区域活动中儿童主动学习及教师有效引导的前提。良好的科学区环境和适宜的科学区材料不仅能够激发幼儿积极进行科学探究的欲望,而且能支持幼儿进行深入系统的探究,发展其初步的探究能力。

环境对幼儿的生存和发展有潜移默化的影响,科学区域环境创设须注意以下几个原则:

1. 环境创设以幼儿为中心,体现差异性和层次性

每个年龄段的科学区,可以根据幼儿年龄特点和不同的发展水平,以及幼儿的兴趣需要,创设各自不同的内容和操作材料,划分区中区,体现出差异性和层次性。3—4 岁幼儿的区域应以适合独立游戏、满足反复摆弄的区域设置为主;4—5 岁幼儿的区域设置应富有操作性,可与同伴一起操作;5—6 岁幼儿的区域环境创设应满足幼儿合作探索,操作材料应让幼儿通过操作探索了解大自然的奥秘,通过多种方式表征自己的作品,发挥无穷的创造力。

2. 根据操作内容的需要合理划分场地

科学活动区,需要独立的空间和安静的探究环境,支持幼儿的自主探究,专注地投入操作和实验过程中。因此,科学区的空间规划,应设置相对安静的区域,最好能与室外的种植区、动物饲养区相通,以利室外观察、记录。如室内空间不足,可设于半室外空间(室外檐廊区),也可巧妙利用走廊窗台,栽培植物或养蚕宝宝等。此外,科学区应有公布栏、黑板或白板,并提供纸笔等文具,以便随时做实验记录。

此外,需要注意的是,为满足区域操作内容的需要,科学实验常常需要用到水、电、光。设置区中区时还要考虑到:水实验区要设置在离水源近的地方;光影实验区要设置在有光照或黑暗的地方;电磁实验区要有方便而安全的电源接口。

3. 安全性原则

设置科学馆内各区角时,应从安全角度出发作如下考虑:关注活动场地的安全性,便于教师随时观察该区角内幼儿的活动;在选择材料时避免尖锐的小刀、破损的尖锐玩具、玻璃碎片等物品;使用具有一定危险性的工具时,需提供安全防护工具(如木工区的防护眼罩、手套等),并做好安全使用提示,并将教师和幼儿共同讨论的安全使用方法及步骤张贴在明显的地方。

(二) 区中区的布局

区中区的布局没有统一的规定,各幼儿园各班级根据教室的环境以及幼儿的兴趣,主题活动开展灵活设置。本书根据南京师范大学张俊教授在《幼儿园科学领域教育精要——关键经验与活动指导》一书中提出的幼儿科学领域三大核心概念,即生命科学、物质科学、地球与空间科学作为区中区的划分。由于各区域涵盖的内容丰富,操作时可根据内容的主题再做细分。

1. 生命科学区

生命科学这一核心概念围绕着生物展开。常见的区中区有种植区、饲养区。种植区在布局中可利用教室的开放和半开放区域,如走廊、一楼墙角的花坛。选择近水源、具备良好采光性的区域将更加有利于植物和动物的照顾和饲养。此外,种植区还应提供基本的种植工具,如水壶、铲子、剪刀、抹布,根据幼儿的年龄特点还应提供种植记录册,帮助幼儿观察记录。饲养区应根据饲养的动物提供适宜生活的环境,如蚕宝宝的饲养角应放在干燥阴凉处。

2. 物质科学区

物质科学蕴含着丰富的基本原理和物理定论,如力学、声、光、电、磁、热的基本原理等。根据具体内容,可设置光影实验区,电、磁实验区,力实验区等区中区。光影试验区应提供黑暗的空间环境,可利用教室一角用幕布营造,也可用遮光效果好的帐篷营造;电、磁实验区应注意操作中的安全,使用干电池为宜,电、磁的操作材料既有独立又有融合,以便幼儿探索电和磁之间的相互转换;力实验区涵盖多方面的内容,如弹力、浮力、压力、摩擦力、重力,可将操作材料集中分类,帮助幼儿在探索的同时了解其特点。

3. 地球与空间科学区

地球与空间科学包括所有地球的物质,如沙、石、水、土,天气,太阳与月亮的活动,地球与人类的活动。常见区中区有水实验区、声音区等。水实验区是各年龄段的幼儿都特别感兴趣的区中区,布局中应该注意提供让幼儿多种感官积累有益的直接经验和感性认识,如水的气味、味道、颜色、不同季节水的温度(闻一闻、尝一尝、看一看、摸一摸)。有条件的班级可营造大面积的水环境,如用透明玻璃大水箱探索沉浮,不同物体在水中的溶解性等等,注意水箱高度的设计,确保幼儿的安全。

科学区环创

二、科学区材料投放

科学区的材料投放,教师要根据本班幼儿的年龄特点、兴趣爱好进行选取,科学区材料投放应注意丰富性、层次性、目的性、可操作性和可记录性。

(一)科学区的材料投放原则

1. 丰富性

材料的丰富性具体表现在区域材料要丰富多样,但这里说的丰富多样也不是越多越好,要避免投放材料的种类和数量过多而使幼儿无法专心操作的行为,造成不利于培养幼儿的专注力和意志力的情况,可以根据科学内容划分主题,如力主题、水主题、声音主题,以主题的方式投放区域材料,持续深入地为幼儿的探究提供材料载体。在具体的教学活动中教师可以在平行班级中互换所投放的科学材料,合作实现各个班级的材料共享,这不仅减轻了教师制作材料的负担,而且集结了众多教师智慧的科学材料定将为幼儿的科学探索提供更大的空间。

2. 层次性

学前教育阶段的幼儿有其年龄差异,即使是相同年龄段的幼儿,由于家庭环境、气质等因素的影响,其发展水平也不尽相同。因此,科学区材料的投放应有层次性,一份材料应有难易设置,以满足幼儿在活动中不同的需要。在更新材料时,也应分层次投放,由易到难,不断发展幼儿的探索能力。

3. 目的性

科学区材料的投放应有其教育目的,激发幼儿探索的兴趣,帮助其体验探索的过程以及发展探索能力。在投放材料时,应为探索科学原理提供支持,有指向性而不是漫无目的。教师将活动目标物化到材料上,使幼儿在操作材料的过程中获得发展。材料经过老师设计后,幼儿可通过操作材料来理解其中的关系从而实现教育目标。

4. 操作性

《指南》中指出"幼儿的思维特点是以具体形象思维为主,应注重引导幼儿通过直接感知、亲身体验和实际操作进行科学学习。"因此,让幼儿在操作材料的过程中实现身心发展符合幼儿思维发展特点。我们在设计区域材料时应注意材料的可操作性特点。可操作性是指幼儿只有通过操作探索材料,才能将活动完成,材料不是装饰物和摆设品,而是可以摆玩的,并且有多种方式摆玩。

5. 可记录性

《指南》中对4—5、5—6岁幼儿提出要求,指出"幼儿能用图画或其他符号进行记录""能用数字、图画、图表或者其他符号记录"。因此在材料中应当准备记录纸、操作单,帮助幼儿将自己探索的过程记录下来,并在完成后引导其对活动过程进行回顾,提升关键经验。

(二)科学区的具体材料

1. 硬件

桌子、椅子、区域柜、置物盘、展示架等。

2. 软件

(1)区域牌:应放置在醒目显眼处,并用区域柜、间隔柜明确区域范围。

(2)区域规则牌。

（3）墙面：可利用区域的墙面制作展示板块，用来展示幼儿作品、记录单或活动照片，也可以张贴实验操作步骤和方法示意图。

（4）柜面：在柜侧面可把每种操作材料都拍摄照片，贴上名称及标识，提供相应的操作指引或操作记录单。

（5）区域操作材料。

（三）各年龄段科学区发展目标及所需材料

各年龄段科学区发展目标

	3—4岁	4—5岁	5—6岁
亲近自然喜欢探究	◆ 喜欢接触大自然，对周围的很多事物和现象感兴趣 ◆ 经常问各种问题，或好奇地摆弄物品	◆ 喜欢接触新事物，经常问一些与新事物有关的问题 ◆ 常常动手动脑探索物体和材料，并乐在其中	◆ 对自己感兴趣的问题总是刨根问底 ◆ 能经常动手动脑寻找问题的答案 ◆ 探索中有所发现时感到兴奋和满足
具有初步的探究能力	◆ 对感兴趣的事物能仔细观察，发现其明显特征 ◆ 能用多种感官或动作去探索物体，关注动作所产生的结果	◆ 能对事物或现象进行观察比较，发现其相同或不同 ◆ 能根据观察结果提出问题，并大胆猜测答案 ◆ 能通过简单的调查收集信息 ◆ 能用图画或其他符号进行记录	◆ 能用一定的方法验证自己的猜测 ◆ 在成人的帮助下能制定简单的调查计划并执行 ◆ 能用数学、图画、图表或其他符号记录 ◆ 探究中能与他人合作与交流
在探究中认识周围事物和现象	◆ 认识常见的动植物，能注意并发现周围的动植物是多种多样的 ◆ 能感知和发现物体和材料的软硬、光滑和粗糙等特性 ◆ 能感知和体验天气对自己生活和活动的影响 ◆ 初步了解和体会动植物和人们生活的关系	◆ 能感知和发现动植物的生长变化及其基本条件 ◆ 能感知和发现常见材料的溶解、传热等性质或用途 ◆ 能感知和发现简单物理现象，如物体形态和位置变化等 ◆ 能感知和发现不同季节的特点，体验季节对动植物和人的影响 ◆ 初步感知常用科技产品和自己生活的关系，知道科技产品有利也有弊	◆ 能觉察到动植物的外形特征、习性与生存环境的适应关系 ◆ 能发现常见物体的结构与功能之间的关系 ◆ 能探索并发现常见的物理现象产生的条件或影响因素，如影子、沉浮等 ◆ 感知并了解季节变化的周期性，知道变化的顺序 ◆ 初步了解人们的生活与自然环境的密切关系，知道尊重和珍惜生命，保护环境

各年龄段科学区所需材料

核心概念	材料清单	投放说明		
		3—4岁	4—5岁	5—6岁
生命科学区	◆ 动物：常见动物模型、卡片、标本，蝌蚪、蚕、蚂蚁（可养殖）等 ◆ 植物：铲子、水壶、尺子、放大镜、各类植物实体、图片、模型 ◆ 人体：人体五官、骨骼、器官、手指的模型和图片	从幼儿熟悉的人体入手，投放耐用的同类多量的模型	提供记录纸，在种植、饲养动植物时用简单的图画或符号记录	提供计划表、记录纸，在合作中用数字、图画、图表记录
物质科学区	**1. 光、影、颜色** ◆ 有趣的影子（营造黑暗的空间，可准备帐篷、手电筒、透光及不透光的物品（如布、卡片、纸片） ◆ 阳光的颜色（三棱镜） ◆ 颜色变变变（红黄蓝三原色颜料、试管、量杯若干） **2. 电与磁** ◆ 摩擦起电（橡胶棒、铅笔、水彩笔、碎纸片） ◆ 磁铁的朋友（磁铁、回形针、大头钉、水彩笔等） ◆ 有趣的磁铁（马蹄形磁铁、条形磁铁、磁粉） **3. 声音** ◆ 传声筒（一次性纸杯、棉线） ◆ 好听的声音（玻璃水杯若干、小木锤）	◆ 从生活中常见的光、影、颜色、声音入手，培养幼儿科学探索的兴趣 ◆ 材料投放种类求精不求多，同类材料可提供多份供幼儿探索	◆ 材料投放时提供指引图片，引导幼儿大胆猜测答案，并对现象进行观察比较，发现相同点和不同点 ◆ 损耗性材料循序渐进地投放，帮助其建立科学区操作常规	◆ 提供记录纸，用数字、图画、图表等记录实验前的猜想以及实验后的结果 ◆ 复杂实验如浮力有多大、转动的齿轮可提供图片指引，引导幼儿与同伴合作探索，并分享交流

核心概念	材料清单	投放说明		
		3—4 岁	4—5 岁	5—6 岁
	音叉水波（音叉、水盆） **4. 力与简单机械** ◆ 谁的小车跑得快（小车、不同材质的车轨道） ◆ 有趣的天平（天平、砝码、塑料珠若干） ◆ 称一称（弹簧测力计、土豆） ◆ 浮力有多大（弹簧测力计、土豆、水杯） ◆ 砰砰枪（塑料注射器、软管、带卡口盖）的小瓶子（大气压强） ◆ 纸片大力士［玻璃杯、A4 纸（大气压强）］ ◆ 不会湿的卫生纸［玻璃杯、卫生纸、水盆（大气压强）］ ◆ 自制电梯（滑轮、绳子、塑料盒） ◆ 转动的齿轮（大小不同的齿轮、橡皮筋）			
地球与空间科学区	**1. 空气** ◆ 自制降落伞（薄塑料袋、棉线、橡皮擦） ◆ 蜡烛熄灭了（蜡烛、打火机、玻璃杯） ◆ 自制风车（正方形纸、大头钉、粗吸管） **2. 水** ◆ 浮力（大型透明水缸、各类积木、塑料玩具、磁铁、水果等） ◆ 沉浮实验（鸡蛋、盐、水杯） ◆ 沉浮精灵（矿泉水瓶、空药瓶） ◆ 水管游戏（各种不同的水管、水泵） ◆ 溶解（盐、糖、沙子、石头、食用油、水杯） **3. 环境与天气** 温度计、天气卡片、空气湿度计 **4. 天文** 地球仪、太阳系模型	注意选择趣味性强的材料激发幼儿探索欲，并支持幼儿用多种感官去探索物体。如水：水的味道（尝一尝）、气味（闻一闻）、颜色（看一看）	选择耐用、易得的物品，在操作中容忍幼儿因探索弄脏、弄乱甚至破坏材料，引导幼儿活动后做好收拾整理	材料投放中鼓励幼儿跨区选择材料，寻求答案；提供图片指引，引导幼儿思考现象产生的原因或影响因素

（四）区中区材料介绍

1. 小班

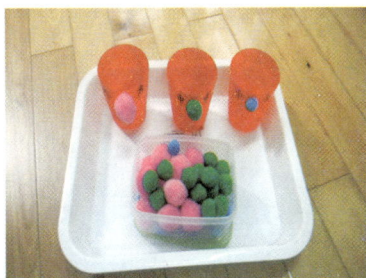

颜色分类 1

颜色分类 2

2. 中班

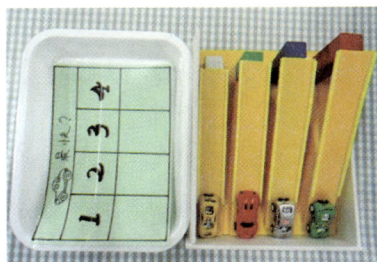

谁跑得快（高度）

谁跑得快（摩擦力）

磁铁的朋友

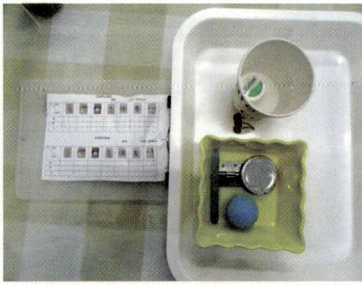

沉浮

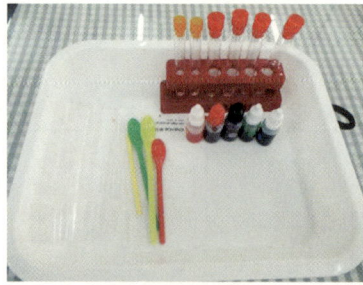

颜色变变变

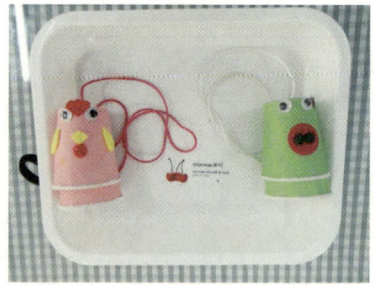

传声筒

比一比

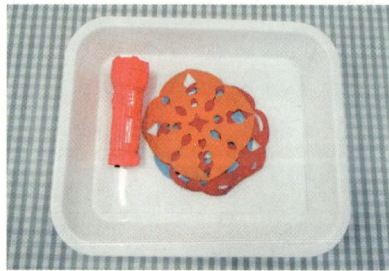

美丽的影子

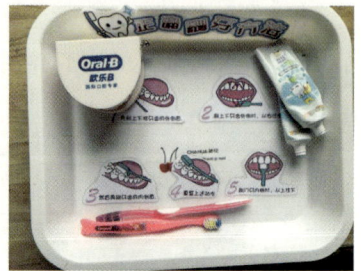

我会刷牙

旋转后你看到了什么

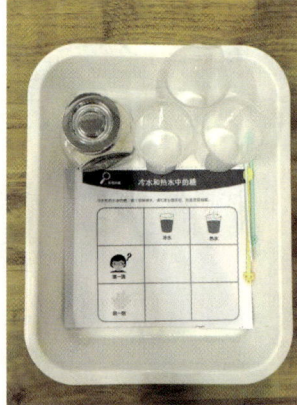

白糖的溶解速度

小动物的家

3. 大班

颜色变魔术

视觉暂留现象

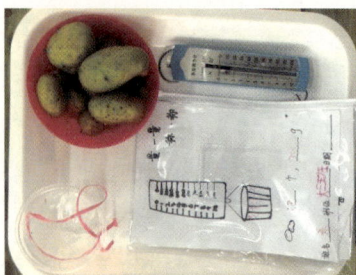

称一称,量一量

光影魔术师

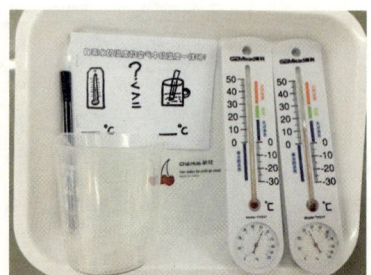

水中的温度与空气中的温度一样吗

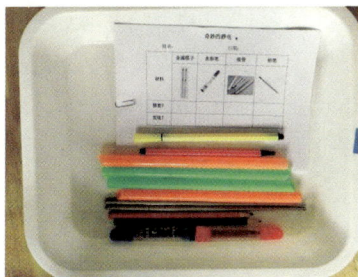

摩擦起电

观察影子

看谁吸得多

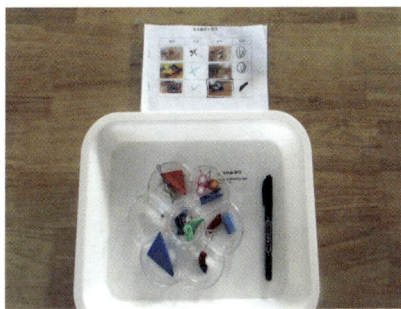

磁铁的朋友

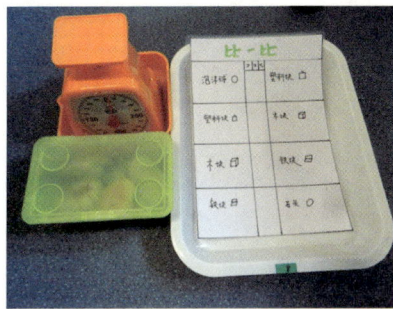

比一比谁重

案例 8-1 大班科学活动:50 g 有多重?

【活动目标】

1. 尝试用不同材料测量砝码的质量。

2. 激发幼儿动手动脑寻找问题答案的兴趣。

3. 激发幼儿的探索欲望,发展幼儿初步的探究能力。

【活动准备】

1. 天平一个、砝码一盒。

2. 开放性的所有区域材料。

【操作要点】

1. 幼儿大胆用不同材料测量 50 g 有多重。

2. 实验前大胆猜测,实验后及时记录实验结果。

3. 可更换砝码的质量多次进行测量。

【指导建议】

1. 老师在游戏前可通过集体活动或小组活动的形式介绍天平及其基本原理。

2. 遇到问题时,鼓励幼儿设想解决办法,并大胆尝试。

3. 教师在幼儿操作时,管住口、管住手,给幼儿尝试、探索的机会。

【观察记录】

上次科学课上,老师向小朋友介绍了天平秤这个测量工具,一盒大小不一的砝码让幼儿很感兴趣。今天区域活动,小郭和梓希又把这份材料拿出来,观察到大小不一的砝码上都写着字,小郭拿出一个砝码:"这是 500。"梓希:"不是,是 50。""那后面这个是什么?"小郭追问。两人同时把眼睛看向我,我说:"这是一个重量单位,这个读克。"小郭似懂非懂,问道:"50 g,50 g 是多重呢?"梓希眼睛一亮:"我有办法,不如我们用天平称一称。"说着拿出放在科学区的土豆,挑选了一个最大的,土豆一放下去另外一边就高高地翘起,"太重了。"小郭说,梓希又去篮子里挑选了一个小一点的土豆轻轻地放下去,还是高高地翘起,"还要再小一点。"这一次,梓希拿了一个最小的土豆,小心翼翼地放入托盘中,不过似乎还是太重。"不行,太重了,我有办法,"小郭边说,边到美工区拿了一盒塑料扣子,"我们用扣子吧。"小郭大把大把地抓着扣子,一把,天平没有什么变化,两把,天平的指针稍微向左边动了一下,第三把天平开始倾斜,第四把时这一边已经重重地沉下来,小郭说:"够了,有点多了。"梓希又拿了两粒扣子下来,天平左右摆动着,小郭有点吃力的观察指针:"好像差不多了。"梓希观察指针在左右两边的摆幅,"左边多了一点点,再拿掉一粒小扣子",天平终于慢慢平衡下来。"罗梓希,我们数下有多少个扣子。""这个太多了吧,诶,我知道了,我们把数完的装在杯子里吧!"梓希说。一开始,两个人轮流往杯子里放一粒扣子,你1我2你3我4地轮流数,不过不一会就数混淆了,小郭说:"我有办法了。"说着把扣子倒在大托盘里,两个一数放在杯子里,"2,4,6,8,10······一共是99个。"

尝试放土豆

尝试放扣子

两人合作,两个一数

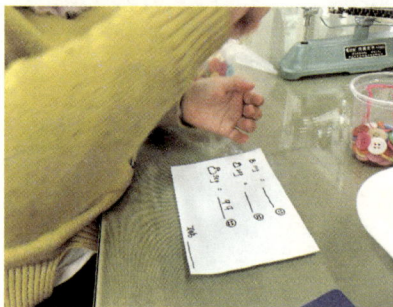

数完后,认真记录

【活动评价】

50 g 有多重,重量概念对于幼儿来说特别抽象,但将抽象的东西具体化,就更好理解了,用土豆、用扣子,聪明的小朋友很快想到了办法。在操作活动中,每次遇到问题,总是听到"我有办法"这句话,小郭和梓希不惧怕问题,遇到问题总是在思考解决的办法,并且愿意尝试。在科学探索中解决问题能力不断得到提高。如在扣子的数量较多,数扣子的时候两人尝试了好几次,先是一个人数,后来两个人轮流数,但都很容易数乱,最后小郭想出两个两个群数的方法,很快完成了,这一过程又涉及数学领域的内容。其实区域活动就是这样,即使是科学活动,但活动中涉及幼儿社会领域的合作交流,涉及数学内容中的计数等等,是对幼儿五大领域全方位的发展。操作结束后,幼儿能及时地将实验结果用数字记录下来,已形成良好的科学记录的素养。

科学区活动

思考题

1. 想象一下,你是一名幼儿园大班教师,你会把科学区放在教室的什么位置?为什么?

2. 科学区区域材料的投放应考虑哪些因素?假设你是一名幼儿园中班教师,当你打造科学区时会选择哪些材料?为什么?

区域九　建构区环境的创设和指导

一、建构区布局

建构区是幼儿园各年龄段都适宜开展的区域活动,它对水源、位置和附带装饰物品的要求不高。建构区材料没有特别清晰的年龄段划分,普通的建构材料基本在每个年龄段都可以投放,虽然班级建构区投放的种类可以不多,但数量要多,以方便幼儿有足够的同类材料进行创作。

(一)建构区整体布局的原则

1.空间需求大

幼儿的建构游戏持续时间长,同类材料多,因此在幼儿进行拼搭时,需要有一个比较宽阔的场地。一般来说,一个正常班额的班级需要 4 m² 左右的建构区域空间,如果班级人数较多,或者班级空间有限,可以利用榻榻米、小阳台、走廊等空间开展建构游戏活动。

2.地面平整

建构作品由于造型需要,通常会放在一个平面上进行展示,所以建构区的地面或者桌面要平整。一般来说,设置在课室的建构区会在桌面上进行拼插和搭建游戏,而设置在走廊、榻榻米、小阳台的建构区,则会在地面上开展,可以在地面铺上平整的泡沫垫。

3.留有作品展示空间

在有限的空间,如何有效展示幼儿作品,是大部分幼儿园老师要面对的问题,所以需要最大限度地利用墙面和柜面,其中墙面可以展示建构步骤图、使用流程、名建筑图片、幼儿作品照片等,而柜面可以陈列幼儿近期在建构区的作品,让幼儿从环境中学习。

(二)区中区的布局

1.积木建构区

积木建构区提供了形状不一、颜色各样、大小不同的木制材料,供幼儿平面搭建和立体搭建。体积较小的积木,可以用透明篮筐进行收纳,体积较大的则可以直接摆放在柜子里,并注意分类摆放,贴上明显标签,方便幼儿取放。

2.积塑拼搭区

积塑拼搭区可以提供各式各样的塑料拼装玩具,由于这类材料的可塑性非常强,拼装的作品不易散落,深受幼儿喜爱。很多幼儿园班级最常见的拼搭材料是类似于乐高的积塑玩具,根据幼儿的水平,可以提供不同场景和难度的款式。

3.作品展示区

由于室内建构作品较大,所以需要教师充分利用有限的台面和墙面来呈现幼儿的作品。对于建构区近期的作品,我们建议摆放在室内柜子台面、走廊台面上,可以在无形中启发幼儿搭建技巧和创作思路。对于不易展现的作品,可以利用拍照的形式记录下来,张贴在建构区的墙面,方便幼儿互相学习、获取灵感。

二、建构区材料投放

(一)各年龄段建构区发展目标

各年龄段建构区发展目标

	3—4 岁	4—5 岁	5—6 岁
技能发展	能拼插各类积塑玩具,学会平铺、垒高等技巧	熟练掌握各类建构材料的使用方法,学会延伸、围合、错位等搭建技巧	学会镂空、镶嵌等搭建技巧,手指灵活,能快速实现自己的搭建计划

	3—4 岁	4—5 岁	5—6 岁
社会性水平	能在建构游戏中坚持 10 分钟以上，且过程中不打扰他人	能与同伴进行联合游戏，遇到问题会采用商量、建议的策略进行解决。遵守规则，自觉整理材料	能与同伴进行合作游戏，清晰自己的任务
语言发展	能用 2—3 个词语简单描述自己的作品，遇到困难会寻求帮助	能较详细地介绍自己的作品，会采用商量的方法解决问题	在搭建过程中能主动分享自己的想法，能用较完整的语言介绍自己的作品
科学经验	初步感知圆柱体、正方体、长方体，感知物体的结构特征	会按照一定规律选择游戏材料，能辨识物体的大小、长短、高矮和空间方位	能根据不同材料的特征进行想象和搭建，空间想象三维立体并能表征出来
艺术发展	认识 5 种左右的颜色，能简单拼出形状，并进行想象	能用图画、符号进行简单的建构计划，作品具有立体感且颜色不杂乱	能利用线条和颜色画出自己的建构想法，能进行较为复杂的造型设计，注重颜色选择和搭配

（二）建构区材料介绍

建构区材料具有开放性、低结构性，所以各种类型的材料基本都适宜每个年龄段的幼儿使用，为了让材料投放更加具有针对性，我们作如下建议。

各年龄段建构区所需材料

	3—4 岁	4—5 岁	5—6 岁
积木类	各种形状的积木	各种形状、颜色、长短的积木	各种形状、颜色、长短的积木；各种小汽车、小玩偶
积塑类	管道、雪花片等	管道、雪花片、乐高（基础款）等	乐高（管道款、齿轮款、轮滑、工程款等）
废旧材料	纸杯、废旧奶粉罐、饮料瓶等	瓶盖、雪糕棒、纸杯、废旧奶粉罐、饮料瓶等	瓶盖、雪糕棒、扑克牌、纸杯、废旧奶粉罐、饮料瓶等

建构区环境设计　　　　　　建构区活动

（三）区中区材料介绍

积木类 1

积木类 2

管道类 1

管道类2

拼插类1

拼插类2

拼插类3

拼插类4

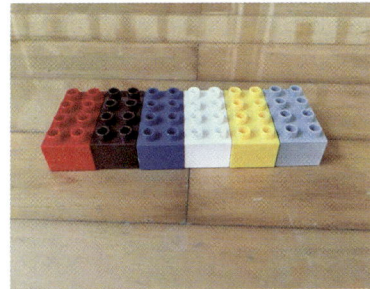

基础类1

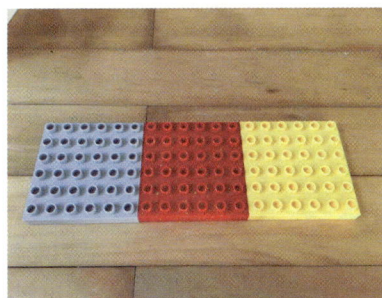

基础类2

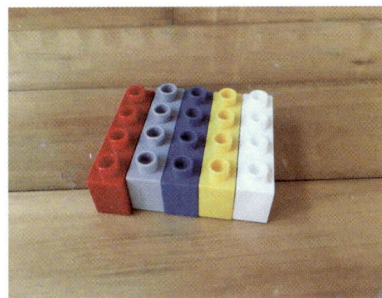

基础类3

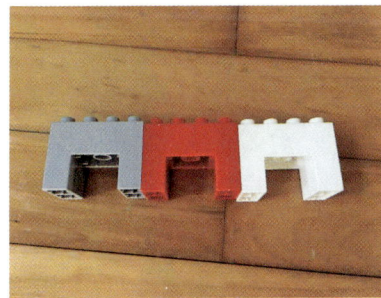

基础类4

装饰类

机械类

通道类

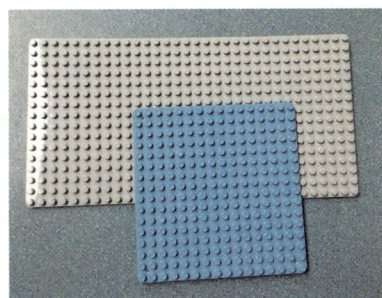

底板

纸杯

扑克牌

饮料瓶

瓶盖

案例 9-1 大班建构活动:旋转楼梯

【活动目标】

1. 尝试选择用不同材料围绕主题搭建作品。

2. 培养幼儿解决问题的能力,尝试用不同方法解决问题。

3. 激发幼儿的创造力、想象力。

【活动准备】

1. 积塑玩具若干。

2. 开放性的所有区域材料。

【操作要点】

1. 幼儿能够围绕主题,大胆用不同材料尝试搭建。

2. 操作过程中,可熟悉不同建构技巧。

3. 学习以合作的方式商量、讨论。

【指导建议】

1. 老师在游戏前,引导幼儿确认搭建主题,可独立完成,也可小组合作。

2. 教师在观察幼儿操作时,充分给予幼儿尝试的机会,适时介入。

【观察记录】

琦珺在建构区搭建"图书馆"二层和三层间的楼梯,二楼有一个美丽的阳台,她准备把楼梯搭在这里,琦珺用长方形2×6积塑板以错层的方式搭建楼梯,从二楼开始,一块一块通向三层,琦珺已经很熟练了,一楼通向二楼的楼梯也是她做的,她很快发现了问题:楼梯还没建到二层就已经没有足够宽度了。"还不够高,"琦珺说,"我知道了,用小一点的积塑板,2×4板。"于是,她重新用2×4板做,但还是与刚刚一样,琦珺停下来,想了几分钟,梓灵走过来说:"要不还是做电梯吧。"琦珺把楼梯拆掉,要放弃的样子,"琦珺,不如你去看看木工区的楼梯吧。"老师给予了提示。

"是啊,去木工区看看!"琦珺仔细观察后,眼里放光地回来:"我知道了,做旋转楼梯!"琦珺拿起2×4积塑板,小手灵活地动起来,一块板横着摆,一块板竖着摆,不一会就搭好三分之一了,琦珺的旋转楼梯转了3次弯,琦珺用手指比作小脚,在楼梯上走,一脸满意的表情。但是,在3个转弯处,琦珺发现

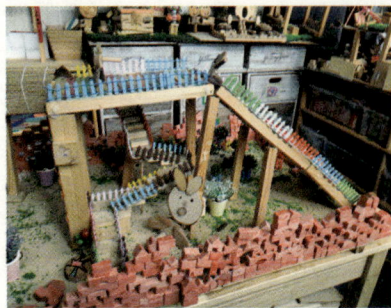

木工区的旋转楼梯

尝试用积塑材料建造旋转楼梯

用积塑板把转弯处底下加高　　固定旋转楼梯完成了

有些不稳定,于是,她又用砖块将楼梯支撑起来,砖块的高度琦珺试了好几次,一块一块地加,终于稳定了。"老师,你看,旋转楼梯!"琦珺高兴地跳起来。其他小朋友也围过来,睿睿用小手一阶一阶地走上去,绕几个圈:"我到二层啦!"睿睿显得很兴奋。

【活动评价】

　　幼儿在建构活动中问题解决的意识很强,在搭建楼梯时,发现了楼梯不够高的问题,她很快分析出原因,楼梯的高度与宽度有矛盾,琦珺想到解决办法,把板换成小一点的,其实2×6板和2×4板只是长度有差别,而宽度并没有差别,更换板后,还是没有成功,琦珺有些沮丧,一边的小伙伴劝琦珺放弃楼梯改做电梯,琦珺有些犹豫,此时教师介入,提醒幼儿看看木工区的楼梯。琦珺立即行动,并有了启发,改成旋转楼梯,这种技能的迁移能力是建构活动中的深度学习,并在迁移中加入了自己的思考,根据楼高,旋转楼梯旋转了3次,平缓地从二楼到三楼。

思考题

　　1. 适合小班幼儿的建构游戏材料有哪些? 请从网络、生活中搜寻并使用。

　　2. 为了激发大班幼儿的创造力,你会怎样创设班级中的建构区? 从空间选择、材料类型和种类,以及墙面设计、作品摆放、游戏氛围等方面思考。

特色区域篇

特色区域环境的创设和指导

区域十　木工区环境的创设和指导

一、木工区布局

（一）木工区整体布局的原则

1. 安全性

（1）空间规划的安全性。空间规划的安全性主要是基于木工区本身具有危险性大的特点，在创设环境时要选择充足的幼儿活动空间、合理设置进区人数，避免幼儿在操作时因碰撞而产生较大影响或安全问题，特别是当幼儿对木工环境不熟悉时，木工空间的设置应是相对封闭的，当幼儿熟知后才逐渐以半开放或完全开放的方式呈现。

（2）工具和材料投放的安全性。安全性是任何区域活动投放材料时考虑的首要因素。在投放木工工具和材料时，要考虑到如胶枪、锯齿是否适合幼儿相应的使用尺寸，锯床、电钻是否存在漏电问题，木质类材料是否有尖刺部分或发霉等问题。同时，也应对工具和材料进行分类整理，用不同的颜色作为标识，如危险性材料工具用红色标识，提醒幼儿在使用这些工具时要特别小心，将危险系数降到最低。

2. 层次性

主要指针对不同年龄幼儿木工材料和工具投放的层次性。小班幼儿动手能力相对较弱，更多时候是处于认识、了解以及模拟练习中，投放的材料相对简单和单一，或用仿真木质工具，帮助其小手肌肉的发展；中班可以提供一些真实的手动工具，如铁锤、锯刀以及一些简单电动工具，如打洞机、锯床；大班提供的工具和材料比较齐全，不仅有手动工具还有电动工具，幼儿综合利用各种工具进行自主操作。

3. 多样性

不同种类的材料可以激发幼儿学习的兴趣和提升幼儿操作能力。木工区除了提供木质材料、木工工具外，还可以投放一些辅助类材料、金属材料、安全防护材料等。

（二）区中区的布局

1. 设计区

设计区是幼儿在木工活动前对作品进行构思、设计（把自己的想法、规划用绘画或简单文字进行记录），是活动前的计划和准备。

2. 工具展示区

在适宜幼儿高度的位置提供木质板面，根据工具的特征和功能进行分类摆放和展示，方便幼儿观察和认识工具、材料，也方便幼儿安全、自主拿取和使用。

设计图

工具展示区

工具展示区

3. 操作区

主要是进行测量、锯、钻、锉、钉等操作，需提供适宜幼儿的操作台面，如桌子、方墩等，还需要呈现工具操作的安全流程指引图。

操作区

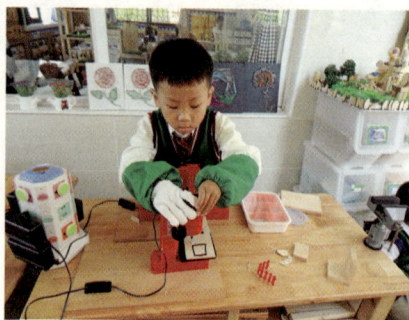

操作区

装饰作品

4. 装饰区

对作品进行拼装、组成后，对其进行艺术和美观的装饰。可提供辅助类型的材料如颜料、画笔、仿真材料等。

5. 作品展示区

主要是在木工区一角对幼儿操作完成的木工作品以悬挂、摆放等多种形式进行展示，是幼儿进行分享交流、自主评价和学习提高的重要区域。可提供墙面、置物架、柜子用以展示作品。

作品展示区

作品展示区

木工区环境创设

木工区操作活动

二、木工区材料投放

（一）各年龄段木工区发展目标

各年龄段木工区发展目标

	3—4 岁	4—5 岁	5—6 岁
钉	◆ 能使用仿真木质锤子、木质钉子进行钉的动作练习	◆ 能使用铁锤钉大图钉子 ◆ 能使用铁锤钉铁钉子 ◆ 能用钉的做法制作钉子画	◆ 能根据木板的厚薄选择长度适合的钉子 ◆ 能用钉的做法制作立体的木工作品

	3—4岁	4—5岁	5—6岁
锯	◆ 能使用仿真木质锯子、木条进行锯的动作练习	◆ 能使用锯子或大齿锯子将细木条锯断	◆ 能使用锯子或大齿锯子将粗木条、木头锯断
拧	◆ 能使用仿真木质螺丝刀进行拧的动作练习	◆ 能使用一字或十字螺丝刀进行操作 ◆ 能根据不同型号的螺丝选择不同的螺丝刀	◆ 能将螺丝用拧进或拧出的方法进行组装操作
钻	—	◆ 能使用打洞机将薄木板、木块钻洞	◆ 能使用电钻将厚的木质材料钻洞
量	—	◆ 能用目测的方法进行简单测量 ◆ 能用替代物的方法进行粗略测量	◆ 能利用工具(直尺、皮尺)进行精确测量
切割	—	◆ 使用微型切割机对薄木板进行直线切割	◆ 使用微型切割机对薄木板进行不同形状的切割

（二）各年龄段木工区材料投放

基于各年龄段幼儿的发展目标，结合木工区不同操作内容的特点进行投放不同的木工工具。

各年龄段木工区所需材料

区中区名称	材料清单	投放说明 3—4岁	4—5岁	5—6岁
设计区	油性笔、画笔、蜡笔、白纸、牛皮纸、文件板、计划纸、拓印板、直尺	教师协助提供	油性笔、画笔、白纸、拓印板	油性笔、画笔、文件板或各种计划纸、直尺等
工具展示区	螺丝刀、锯子、钳子、铁锤、刨子、眼罩、手套、头盔等	投放1—2种简单的工具模型	投放常用的操作工具	投放各种类型的工具
操作区	◆ 木质工具：木质锤子、大且可旋转的螺丝等 ◆ 手动工具：直尺、皮尺、铁锤、锯刀、钳子、一字螺丝刀、十字螺丝刀 ◆ 电动工具：胶枪、锯床、打洞机、磨床、电钻等	主要投放木质工具为主	◆ 主要投放手动工具（如铁锤、螺丝刀等） ◆ 简单的1—2种电动工具为辅（如胶枪、打洞机）	投放各种类型的手动（如铁锤、皮尺等）和电动工具（如电钻、锯床等）
装饰区	颜料笔、水彩笔、蜡笔、剪刀、乳胶、刷子、仿真材料以及辅助性材料等	蜡笔、水彩笔	水彩笔、颜料笔、刷子等	提供仿真材料以及辅助性材料
作品展示区	置物架、展示柜、墙面等	选用一种进行展示	自主选择进行展示	可与主题环境相结合展示

（三）木工区材料介绍

木工区材料主要由木质类、辅助类、防护类、金属类等材料构成。

1. 木质类材料包括：木板、木块、木片、树皮、树桩、木棍、树枝等。

椭圆带洞木片   树枝

小圆木片

大斜木片

2. 辅助类材料包括：塑料瓶、仿真草坪、仿真小树等。

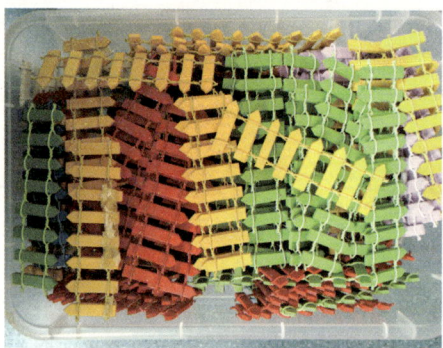

小栏栅

塑料瓶盖

胶果

仿真小树

3. 安全防护材料包括：手套、眼罩、头盔等。

手套

眼罩

4. 金属材料包括：铁钉、铁线、合页等。

铁线

麻线

案例 10-1　大班木工活动：小学大门栏杆

【活动目标】

1. 学习使用电动打孔和电动拧螺丝的方法。

2. 通过灵活转换电动钻孔和电动拧螺丝制作小学大门栏杆。

3. 能够与同伴大胆合作，勇于挑战困难，体验操作的乐趣。

【活动准备】

已充好电的电钻装配一套、螺丝钉、雪糕棒、木棍、木板、已制作好的小学大门等。

【活动过程】

（一）活动导入

1. 观察生活中各小学大门栏杆的构造图。

2. 引导幼儿观察思考自己制作的小学大门的构造。

（1）使用什么样的材料作为大门栏杆的材料？

（2）使用哪些工具可以做成大门栏杆？

（3）需要同伴或老师的哪些帮助？

（二）操作环节

1. 安装电钻工具。

（1）拿出电钻工具，一手把持手柄，一手用旋转方式使前置钻头夹松动一定位置。

（2）选择直径为 5 毫米的麻花钻头，将未有麻花状的一端插入松动的前置钻头夹缝中，并进行旋转，直至麻花钻头紧紧夹在缝口中（把握好钻头夹缝口的大小，不宜太大或太小）。

（3）旋转后置钻头，使其至"箭头"标志即可（箭头代表电钻模式）。

（4）调整按钮，用手指将上下按钮按到"上"的正转方向（正转代表电钻可以由上往下深入）。

2. 选择雪糕棒，在雪糕棒的一端进行打孔。

（1）双手拿着电钻，使麻花钻头垂直对准打孔位置。

（2）手指按下开关的同时，稍微用力按压电钻，使钻头不断深入雪糕棒中，直至钻头穿过雪糕棒。

（3）调整按钮，用手指将上下按钮按到"下"的反转方向，使钻头出来（反转代表电钻可以由下往上出来）。

3. 打孔完毕后，拆下麻花钻头。

4. 安装电动螺丝。

（1）选择 5 毫米的套筒，将其放入钻头夹缝口中夹紧。

（2）选择与螺丝相匹配的螺丝扣，将其放入套筒中。

（3）旋转后置钻头，使其至"15"标志即可（15 代表力度

最大）。

（4）调整按钮，用手指将上下按钮按到"上"的正转方向（正转代表螺丝可以由上往下深入）。

5. 将雪糕棒安装在已制作好的大门上。

（1）选择相匹配的螺丝，将螺丝对准刚才打好的雪糕棒孔。

（2）双手拿着电动工具，使螺丝口垂直对准要安装的位置。

（3）手指按下开关的同时，稍微用力按压电钻工具，使螺丝不断深入其中，直至螺丝全部没入木板中，表示安装完毕。

（4）调整按钮，用手指将上下按钮按到"下"的反转方向，使螺丝口出来（反转代表螺丝扣可以由下往上出来）。

6. 栏杆一端安装完毕，用同样的方法安装大门另一端的栏杆。

7. 使用完工具后，将工具的零件放入工具盒里相应的位置中，并将工具盒放回原处。

（三）活动结束

1. 组织幼儿介绍自己的作品。

2. 幼儿分享自己在制作过程中遇到的问题及想法（如工具使用情况）。

3. 教师进行总结。

思考题

1. 在木工区中如何帮助幼儿建立安全常规？

2. 如何将工木区操作与园本课程相结合？

区域十一 生活区环境的创设和指导

一、生活区布局

（一）生活区整体布局的原则

1. 避免与安静的区域为邻

生活区位置选择最好能靠近水源，安置在互动性较强的区域（如角色区、表演区、建构区）附近，最好是在活动室的角落或在室外。

2. 提供开放的区域空间

生活区根据各分区特点因地制宜，如清洁区涉及水，应设置在盥洗室，与其他区域有一定的隔离，以免在操作过程中有水溢出或飞溅。

3. 有方便取放的工具区

生活区要具有温馨感和可操作性，工具区提供的是可以让幼儿操作的各种材料，包括围裙、手套等生活辅助用品，方便幼儿取拿操作。

4. 重视现实的材料

生活区涉及的活动材料，与幼儿的现实生活紧密相连，随处可见，熟悉的自我服务材料元素（被子、毛巾、衣服、鞋子等），规范的摆放及操作能增强幼儿的秩序感，养成良好的行为习惯。活动中基本操作仪态、递交物品的规则养成、分享环节的餐桌礼仪等为幼儿提供了观察、体验、社交技能的机会，有助于促进幼儿社会化、人格化的发展。工具区中"缝与补""切一切""烹饪美食"等材料中会出现安全隐患，要有适当的安全提示。电器类用品的摆放要与幼儿保持安全距离，如有一定危险的工具（刀、针等）、电器（插座、烤箱、微波炉等），正确的摆放有助于幼儿积累一定的安全小常识，并为幼儿提供了更多的应对危险的机会。

（二）区中区的布局

1. 清洁区

清洁区中，幼儿扮演清洁员，进行清洗等，通过熟悉场景，在清洁过程中，掌握劳动的技能，解决生活中的困难，在同伴合作中，提高语言表达能力和促进社会性的发展。

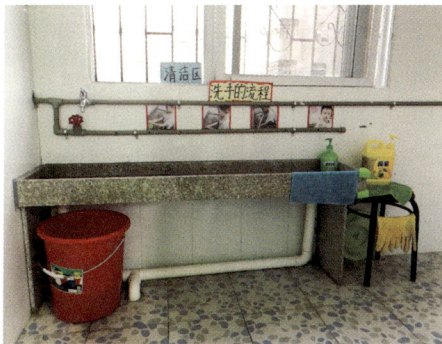

清洁区实景

工具区实景

2. 工具区

工具区是更加贴近幼儿真实生活的环境，以拓展幼儿的生活经验，充分满足幼儿运用工具加工及制作的需求。活动柜应选取家庭厨房操作台常使用到的材料，从安全性出发，应注意防电、防水、隔热，材料要足够结实，能承受蒸蛋器、电饭煲等电器的重量，其大小应考虑到所放物品的尺寸。

3. 材料区

幼儿的学习是以直接经验为基础,真实的材料可以让幼儿更直观地认识材料,掌握操作的方法,材料区提供的都是真实的、可供幼儿进行多种生活实操体验(幼儿发展基本动作、自我服务能力、照顾环境、社交礼仪)的材料,所有收纳工具贴有标签,材料分层分类摆放。

材料区实景

操作区实景

4. 动手操作区

动手操作区是幼儿开展生活活动操作的主要区域,支持和帮助幼儿更为从容、更为自信地表现自我。

生活区创设

二、生活区材料投放

生活区中各个子区域的材料投放应根据投放原则、投放意义和幼儿发展而定。根据《指南》,对生活区各个子区域进行梳理和概括,如下:

(一)各年龄段生活区发展目标

各年龄段生活区发展目标

子区域	3—4 岁	4—5 岁	5—6 岁
清洁区	◆ 在帮助下正确使用清洁材料 ◆ 能边看流程图边清洁过程	◆ 能正确使用清洁材料,知道怎么清洗餐具 ◆ 自己动手劳动,节约用水	◆ 能正确清洗,并在过程中锻炼劳动技能 ◆ 提升自我照顾和服务能力
工具区	◆ 知道常用工具、专用工具的名称,并初步知道简单使用方法 ◆ 在帮助下幼儿能自主操作	◆ 知道一些常用工具、专用工具的名称、功能,并初步掌握厨房用具的使用方法 ◆ 通过看流程图,能自主操作,提高读图能力	◆ 能正确使用工具,通过量勺等工具了解量的概念 ◆ 通过看流程图,能自主操作,将流程图广泛应用到其他区域以及现实生活中去
材料区	◆ 在帮助下知道物品应分类摆放,并知道名称 ◆ 知道将使用过的物品放回原处	◆ 培养幼儿"物归原位"的习惯,初步了解物品分类的作用 ◆ 初步知道有效期的含义	◆ 知道什么是一一对应,懂得不同的材料有不同的贮存方式 ◆ 常温、冷冻材料分开放 ◆ 知道有效期的含义,了解日期、时间的概念
动手操作区	◆ 知道将食品、生活体验操作分开,设两个操作区:一边是食品专用,一边是供生活区其他操作专用 ◆ 能熟练使用勺子 ◆ 在帮助下穿脱衣物 ◆ 在提醒下能注意安全,不做危险的事,初步了解生活中的安全常识	◆ 知道将食品、生活体验操作区分开使用,满足不同幼儿的操作兴趣 ◆ 会用筷子吃饭,能自己穿脱衣物、鞋袜、扣纽扣,能整理自己物品 ◆ 认识常见的安全标志,初步了解应对意外事故及活动中的安全常识,懂得快乐有益健康	◆ 初步掌握简单食品的制作方法,通过操作,锻炼精细动作,提升手眼协调能力 ◆ 能熟练使用筷子及其他工具 ◆ 能知道根据冷暖增减衣物,会系鞋带,按类别整理物品 ◆ 能自觉遵守安全规则,学习躲避危险、应对意外事故和愉悦身心的最基本方法

（二）各年龄段生活区所需材料

基于上述目标,结合幼儿真实的生活情境与不同的生活游戏活动特性进行材料投放及各年龄段能力预设。分析见下表:

各年龄段生活区所需材料

区中区名称	材料清单		
	3—4岁	4—5岁	5—6岁
清洁区	◆ 小抹布、洗洁精、洗手液	◆ 小抹布、洗洁精、洗手液	◆ 小抹布、洗洁精、肥皂、洗手液
工具区	◆ 碗、勺、碟、杯、盘、盆、保鲜盒、密封盒、砧板、打蛋器、果汁机、夹子、木棒、水果刀(塑料)、印画、印章	◆ 碗、勺、碟、杯、盘、盆、保鲜盒、密封盒、密封罐、砧板、果汁机、夹子、隔热垫、衣服架、木棒、棍子、水果刀(塑料)、印画、印章	◆ 碗、勺、碟、筷子、杯、盘、盆、保鲜盒、密封盒、密封罐、砧板、打蛋器、果汁机、夹子、隔热垫、铲、量勺、蛋糕托盘、木棒、棍子、衣服架、瓜果刨器、削皮机、水果刀、印画、印章、电饭煲、电磁炉、酸奶机
材料区	◆ 衣服、裤子、围巾、毛巾、帽子、围裙 ◆ 海绵、橡皮泥 ◆ 大米、黑米、红米、黄豆、黑豆、花生仁 ◆ 苹果、香蕉、雪梨、西瓜等水果 ◆ 萝卜、葱、蒜等易切蔬菜 ◆ 花生、面粉 ◆ 大而圆形的扣子、大而多边形的扣子	◆ 衣服、裤子、围巾、毛巾、帽子、围裙 ◆ 海绵、轻黏土 ◆ 大米、面粉、小米、黑米、红米、黄豆、黑豆、绿豆、花生仁 ◆ 苹果、香蕉、草莓等水果 ◆ 萝卜、葱、蒜等易切蔬菜 ◆ 大小而圆形的扣子、大小而多边形的扣子	◆ 鞋子、帽子、围裙 ◆ 海绵、轻黏土、锡纸 ◆ 大米、面粉、小米、黑米、红米、黄豆、黑豆、绿豆、红豆、花生仁、向日葵、芝麻 ◆ 苹果、香蕉、雪梨、橙子、柠檬等水果 ◆ 萝卜、葱、蒜、芹菜等易切蔬菜 ◆ 珠子、大小而圆形的扣子、大小而多边形的扣子、中国式盘扣
动手操作区	桌台布、食物罩	桌台布、食物罩	桌台布、食物罩

（三）区中区材料介绍

生活区整体背景

1. 清洁区

抹布　　　　　　　　　　　洗洁精　　　　　　　　　　　洗手液

2. 工具区

锅

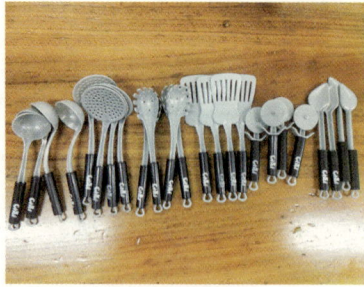
勺子、铲等

酸奶机

瓜果刨器

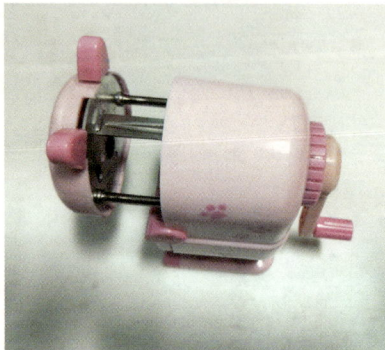
铅笔卷

削皮机

蒸蛋器

果汁机

砧板

脸盆

量杯

刀、勺、叉、铲

3. 材料区

苹果

豆类

丝瓜

剥花生

切切乐塑料

大小圆形纽扣

面粉

穿线

4. 动手操作区

这个区中区的材料主要是桌布、食物罩等。

动手操作区

案例 11－1　大班生活区活动：好喝的苹果汁

【材料投放】

主要材料：围裙、三个苹果、盘、刀、削皮机、瓜果刨器、砧板、杯子、果汁机。

生活区全景图

所需工具和材料

【活动过程】

洗苹果

削苹果皮

削好苹果

切苹果

切好苹果

装苹果

装好苹果

榨苹果汁

苹果汁

倒苹果汁

品尝苹果汁

分享苹果汁

生活区活动
《好喝的苹果汁》

思考题

1. 如何根据不同年龄段的幼儿投放生活区的材料?
2. 请为中班设计生活区,规划应包括区域布局图、活动目标、投放工具、材料等内容。

区域十二　户外建构区环境的创设和指导

一、户外建构区布局

（一）户外建构区整体布局的原则

户外建构游戏一般是在宽阔的操场进行，材料是大块的，存储空间也较大，因此，我们建议要有 60 m² 以上的材料储存空间和 200 m² 以上的游戏空间。材料存放处可以用一些置物架和储存箱或者篮筐，利用率高。材料储存区要避雨和防尘，且离幼儿的游戏区要近，以便幼儿取放。户外建构游戏区也可以和其他区域进行整合，例如运动区、沙池、泳池、滑梯等，都可以和户外建构游戏进行整合，一方面户外场地充分利用，另一方面体育器材、大型器械、沙池等也可以充当建构材料。值得一提的是沙池建构，建构材料与沙水的结合激发了幼儿无限的创造性，他们会在沙池种菜、搭建公园、创建小桥流水……

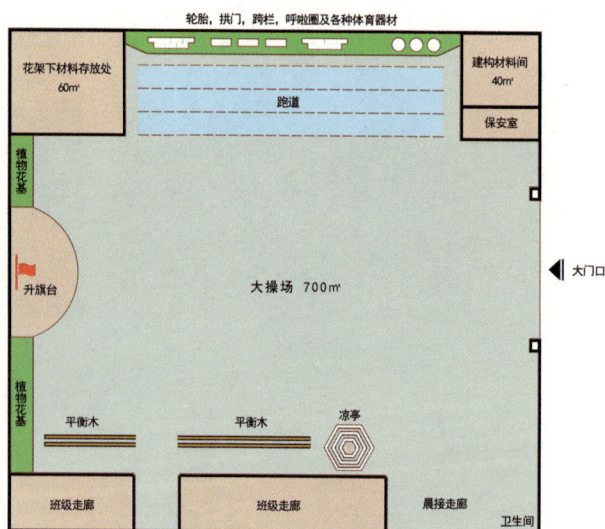

户外建构游戏区平面示意图（一）

花架下材料存放区

建构材料存放间

可利用的体育器械

既是平衡木，又是建构材料，还是休息区

毕业演出

轨道

温馨小家

防御设备

开心滑梯

多功能监控室

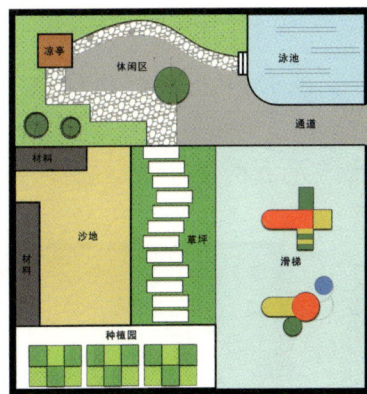

户外建构游戏区平面示意图（二）

沙池场地（一）

沙池场地（二）

滑梯和草地

泳池

可利用的大型器械

巧妙利用场地搭建

建构小桥

建构滑梯

（二）区中区的布局

户外建构游戏的环境创设并不局限于户外，幼儿在一日生活中都是处于学习状态。为此，我们可以在室内设置一个区中区，协助幼儿户外建构区的顺利开展。活动室为幼儿反思、评价和做计划提供了重要场所，目的是为幼儿提供一个宽松、对话、讨论的氛围。

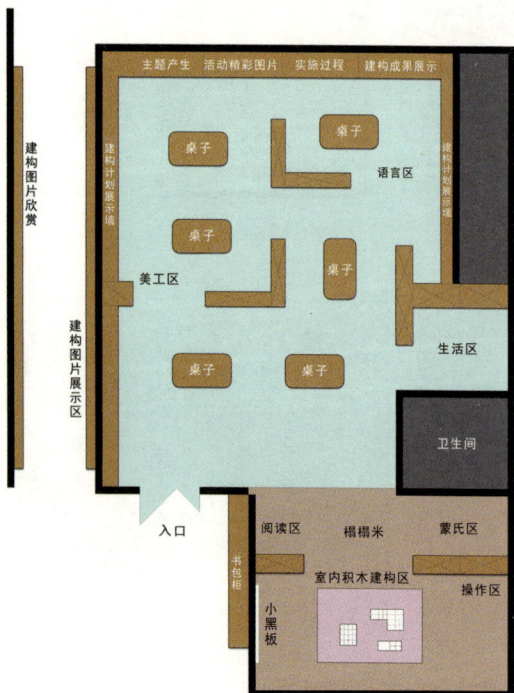

室内建构游戏环境示例

这里以大一班的建构主题"我要毕业啦"为例，主题墙面展示了主题产生、精彩一刻、建构实施过程和建构成果，让幼儿茶余饭后一起去回顾主题活动开展的精彩瞬间。幼儿之间的同伴学习是促进幼儿发展的重要途径，为此，可以为孩子开辟了两块建构计划展示墙，在墙面上，为每位幼儿准备一个文件夹来存放每周的建构计划表，孩子们既可以展示自己的计划，又可以随时翻看和学习他人的想法和小技巧。老师们还可以精心地将展示墙靠近美工区和语言区，让灵光一现的孩子们能立即拿到纸和笔，马上记录下建构的好想法。教师可以充分利用美工区供幼儿制作蓝图，利用建构区供幼儿搭建简单的造型，利用图书区丰富幼儿的经验，利用室内墙面展示幼儿作品图片、幼儿计划表，来体现幼儿学习的过程。

为了丰富和锻炼孩子们的建构技能，老师们还可以开辟榻榻米的积木建构区，走廊的建构技能展示区和建筑图片欣赏区，他们可以在这些地方欣赏世界名筑、他人的作品，还可以和小伙伴切磋搭建功底。

主题墙面布置

走廊建构技能展示区

进区卡

室内积木建构区

建构计划表展示墙（一）

建构计划表展示墙（二）

向全体幼儿介绍建构计划

小组讨论建构计划

幼儿与墙面的互动

墙面对幼儿的启发

二、户外建构区材料投放

　　户外建构区与幼儿园常规区域不同，建构材料的低结构性、高可塑性的特点，决定了各种材料都基本能适用于不同年龄段的幼儿。但是不同阶段的幼儿发展的目标也不一，各年龄段幼儿在户外建构区的发展目标梳理和概括如下：

（一）各年龄段户外建构区发展目标

各年龄段户外建构区发展目标

	3—4 岁	4—5 岁	5—6 岁
参与兴趣	喜欢建构游戏，愿意动手触摸、搭建建构材料	积极参与建构游戏，喜欢尝试用多种材料搭建自己的作品	◆ 能主动探索寻找问题的答案 ◆ 遵守游戏规则
计划与合作	能够简单表达自己想要建构的内容	◆ 能用图画、符号进行简单的建构计划 ◆ 能自由结伴，以小组形式开展建构游戏 ◆ 遇到问题懂得协商	◆ 能用数字、图画、图表、符号等多种形式与同伴一同进行建构计划 ◆ 主动寻找同伴，自由分组选出组长，商讨建构内容
设计与搭建	学习基本的建构技能，能搭建简单造型的作品	喜欢尝试用多种材料搭建自己的作品，搭建出较丰富的建构造型	◆ 能进行较为复杂的造型设计与搭建 ◆ 遇到困难能自己想办法解决
表达与交流	能够简单介绍自己的结构作品	◆ 能较连贯地介绍建构计划与作品 ◆ 积极表达想法	◆ 能用连贯的语言描述建构计划内容 ◆ 大胆分享建构成果
分类与整理	◆ 能感知不同材料的特质 ◆ 能进行简单的分类，在教师指导下，将游戏材料放回原处	能够按照材料类别进行分类整理	熟悉材料，能快速进行分类，自觉收拾整理游戏材料

（二）各年龄段户外建构区所需材料

各年龄段户外建构区所需材料

所需材料	3—4 岁	4—5 岁	5—6 岁
常用材料	◆ 纸质类：纸墙砖等 ◆ 塑料类：线轴、积塑等 ◆ 木质类：碳烧木、木圆柱等 ◆ 其他类：奶粉罐、饮料罐等	◆ 纸质类：纸墙砖、纸盒、纸箱等 ◆ 塑料类：线轴、积塑、小栅栏、塑料油桶等 ◆ 木质类：碳烧木、木圆柱、木条、小木板等 ◆ 竹质类：竹梯、竹凳等 ◆ 其他类：奶粉罐、饮料罐等	◆ 纸质类：纸墙砖、纸盒、纸箱等 ◆ 塑料类：线轴、积塑、小栅栏、塑料油桶、塑料瓶等 ◆ 木质类：碳烧木、木圆柱、木条、小木板、木梯子、长木板、长木条、木质栅栏等 ◆ 竹质类：竹梯、竹凳、竹筐、竹篮等 ◆ 其他类：奶粉罐、饮料罐等
辅助材料	毛绒玩具、动物公仔、草皮等	毛绒玩具、动物公仔、草皮、人偶、仿真花、仿真草、花藤等	毛绒玩具、动物公仔、草皮、人偶、仿真草、花藤、交通指示牌、雨伞、绳子、绿植等

（三）户外建构区材料介绍

1. 常见的材料

 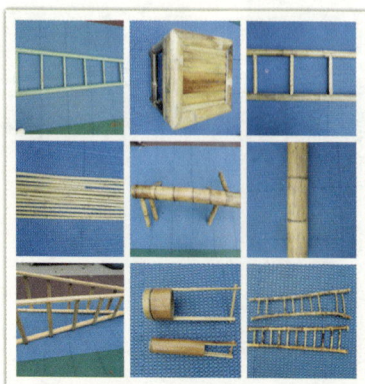 

| 纸质类材料 | 竹质类材料 | 塑料类材料 |

木质类材料

其他材料

2. 常用的辅助材料

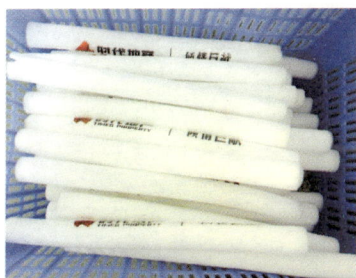

废物利用材料

小栅栏

人偶

毛绒玩具

动物公仔

绿地皮

仿真草皮

插花

花藤

仿真花

绿植

绳子

3. 材料的摆放

纸质材料的摆放

竹质材料的摆放

木条、木板的摆放

木梯的摆放

长木板的摆放

碳烧木的摆放

塑料类材料的摆放

其他材料的摆放

案例 12-1　大班户外建构活动：我们毕业啦

1. 根据幼儿的生活经验，商讨建构主题。以下是大一班的主题网络图。

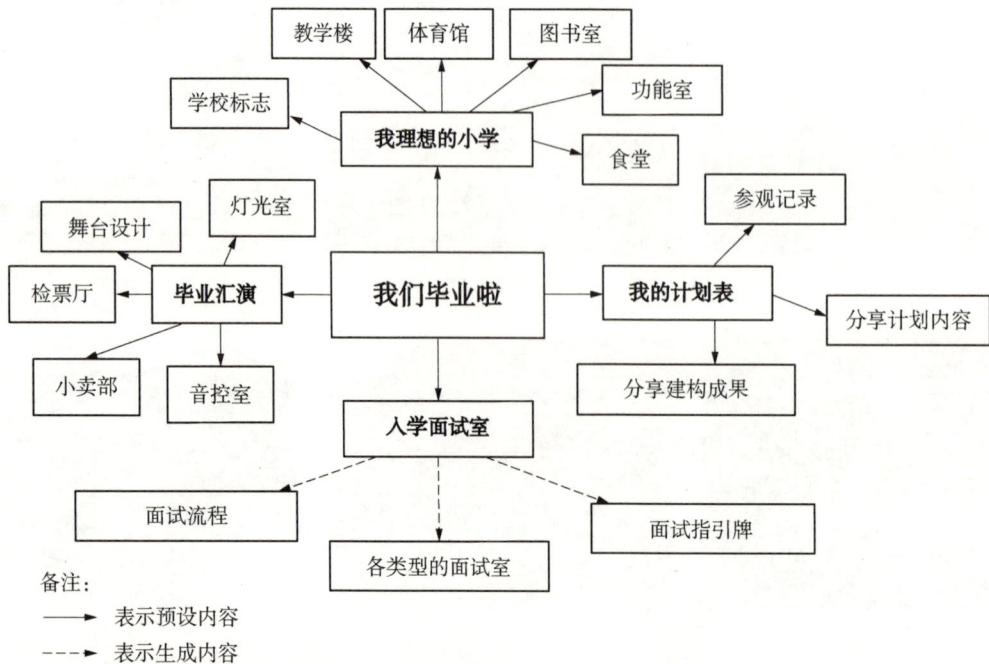

备注：
→ 表示预设内容
---> 表示生成内容

2. 确定主题后，与幼儿一起参观小学的教学楼、课室、功能室、设施设备等。

参观教学楼

参观健体馆

参观功能室

【活动过程】

1. 每周在开展活动前，都会让幼儿根据下周的建构内容设计图稿。

建构计划1

建构计划2

建构计划3

2. 分享建构计划表，自主确定建构游戏内容、材料、伙伴。

同伴分享建构计划

集体分享建构计划

小组分享建构计划

3. 幼儿在尝试过程中，对建构的兴趣越来越浓，中间也出现了分歧、商讨和探索，在分享环节常常会围绕"材料适宜吗""计划清晰吗""教学楼怎样搭"等问题进行。前两次"我理想的小学"的建构成果也存在不尽如人意之处（如下图），所以教师针对孩子技巧弱，平面、不立体、表征不够，没有切入点、经验不足、材料不够丰富等问题，进行探讨和进一步建构。

集体分享1

集体分享2

集体分享3

4. 第三次建构中,一个不起眼的"面试室"引起了大家的注意和共鸣,因为这个时间段正是各个小学进行面试的时间,这一创新性的构建收到其他小朋友的很多建议,纷纷表示也想进行构思和尝试。教师乘机丰富他们的生活经验,跟随幼儿兴趣转移的脚步,与孩子们一起讨论"面试室完整吗?""面试官会出什么题呢?""要不要休息室和茶水间"等问题。

初次尝试面试室

小学面试

我的建议

5. 虽然第一次"入学面试室"还很粗糙,但是经过孩子们更加详细的计划、执行和建构技能的提升,第二次和第三次的面试室建构变得有模有样起来,孩子们不仅能搭建出各种各样的面试室,还能在自己搭建的作品中进行角色游戏。随着经验的深入,面试室逐渐失去挑战性,"还能搭建什么? 幼儿近期的学习兴趣在哪里?"于是教师跟随幼儿的脚步,进行了建构内容的转移。

再次尝试

第三次尝试

我的建议

6. 临近毕业,孩子们的兴趣逐渐转向了毕业演出。他们在前期参观剧场的经验上,用简单的建构材料搭建出了指示牌、摄录机位、舞台、灯光等场景。

入场指示牌

高级摄录师

舞台灯光师

看表演的小观众

售票处

排队买票

检票口

毕业典礼彩排

毕业典礼现场

忘情地演出

7. 在毕业前夕,大一班邀请爸爸妈妈来观看自己的毕业演出,这也是本次建构主题的结题活动,在整个活动中,孩子收获了合作、计划、分工、分享、自主、自信、专注、自豪、爱和习惯。

建构主题牌

搭建舞台框架

合作拿材料

铺设舞台

美化舞台背景

邀请爸爸妈妈来看表演

主持人报幕

维持观众席秩序

灯光师为演员打光

毕业演出

沉浸在孩子表演中的家长

收拾材料

【教师反思】

　　随着户外场景化建构游戏的不断深入,老师和孩子们都有了新的成长和收获。幼儿通过观察、设计和建构,逐渐深化了对物体空间关系和逻辑关系的理解,幼儿的推理能力、创造能力得到提升。在活动过程中,幼儿的沟通、协商、计划、执行、合作能力也得到充分发展。而老师作为一个观察者、引导者和支持者,不断丰富游戏材料,不断追随幼儿的探索足迹,不断调整幼儿学习的环境。正是因为观察而了解孩子,因为引导而发展孩子,因为支持而促进了孩子的深度学习。

户外建构游戏
《毕业舞台》

户外建构游戏
《广州地铁6号线》

思考题

1. 如何观察孩子并予以有效的支持?
2. 如何将幼儿的关键经验融合到材料和环境中?

区域十三　棋艺区环境的创设和指导

一、棋艺区布局

（一）棋艺区的整体布置原则

1. 发展适宜性原则

所谓发展适宜性，指的是区域活动要适合幼儿身心发展的客观规律与特点。我们要关注和理解不同年龄阶段幼儿的情感需要，尊重他们的实际年龄表现，给他们自主的空间，提供适宜幼儿实际年龄需要的活动方式，让幼儿做实际年龄水平力所能及的事情。例如小班的小朋友一般是不适宜玩象棋、斗兽棋的。

2. 目标性原则

根据目标提供操作材料，以便吸引幼儿，使幼儿能自觉、主动地去参与活动，获得发展。同一内容，各年龄班制定的活动目标各不相同。例如下飞行棋，小班的幼儿只需要了解棋的基本玩法；中班就能按规则玩；大班可以让小朋友设计棋子和骰子，再在棋谱上玩。

3. 多样性原则

棋艺区内可以放置不同种类的棋，幼儿可以根据自己不同的水平，选择适合自己难度的棋进行游戏。

4. 互动性原则

教师可鼓励儿童参与环境的创设，为活动提供开放式的环境。同时教师还应鼓励幼儿制定规则，随时改变区域人数。要尽量做到教师与幼儿互动、幼儿之间互动、师幼和环境的互动，让区域的环境具有动态性。

5. 安全性原则

环境设置、投放材料要符合安全卫生要求，要排除潜在的不安全因素，要全力保障幼儿的健康和安全。

（二）区中区的布局

1. 围棋区

围棋区是供幼儿学习围棋游戏的场所。此区域要选择与安静的区域相邻，不适宜与音乐区、表演区相邻。区内提供方形的塑料小桌子（平时小桌子可以一张张叠起来，这样不占地方，用的时候再搬出来）、围棋棋子、围棋棋盘。

围棋区实景

飞行棋区实景

2. 飞行棋区

飞行棋区可以在不同的年龄班上设置。通过让幼儿玩飞行棋，可以学习到红、黄、蓝、绿颜色的区分，理解数守恒的意义，学会一一对应等。例如骰子掷出的是"4"，棋子就要走四个格；红色的棋子要回到红色的"机场"。玩飞行棋的形式也比较多样，可以四个小朋友围坐在方桌玩，可以在榻榻米上玩，也可以把自己当成棋子，在地面的棋谱上玩。

3. 主题棋区

主题棋区是把交通知识、环保知识、礼仪礼貌等内容制作成棋谱,让幼儿通过下棋的过程进行学习的场所。此区域主要是提供好材料,幼儿就可自选游戏材料进行对弈,场地并没有什么限制。但棋艺游戏材料要分层分类摆放。

主题棋区实景

混合棋区实景

4. 混合棋区

混合棋区主要是为智力发展得比较快的幼儿提供的,有象棋、斗兽棋、跳棋、弹珠棋等,幼儿可以选自己感兴趣的棋进行游戏的场所。此区域一定要做好各类棋分放的标志。

棋艺区环创

二、棋艺区材料投放

棋艺区的材料投放应根据幼儿的发展而定。根据《指南》,对各年龄段幼儿在棋艺区的发展目标进行梳理和概括,如下:

(一)各年龄段棋艺发展目标

各年龄段棋艺发展目标

区域名称	3—4岁	4—5岁	5—6岁
围棋区	◆ 认识围棋,对围棋感兴趣,熟悉棋盘和棋盘上的要点 ◆ 熟悉围棋棋子,掌握正确的拿棋姿势,学会下棋的基本礼仪 ◆ 熟悉下围棋的基本规则,养成良好的下棋、观棋的习惯和心态 ◆ 熟悉并找出棋子的气,熟悉打吃的棋形,掌握打吃的要点 ◆ 熟悉长、提的棋形和要点,学会连接棋子 ◆ 认识切断、扭断,学会分断棋子,寻找断点连接或分断棋子 ◆ 认识虎口、禁入点,熟悉边、角、中间的虎口,认识禁入点、非禁入点 ◆ 初步建立输赢的意识	◆ 能掌握下围棋的礼仪,会使用正确拿棋子的方法 ◆ 培养幼儿的观察力和耐性,能正确对待输赢 ◆ 熟悉并学会运用立的行棋方法 ◆ 熟悉双打吃、关门吃、抱吃、枷吃、征吃的形状,学会双打吃和关门吃、抱吃、枷吃、征吃 ◆ 熟悉扑、倒扑吃、接不归的形状,学会扑、倒扑和接不归 ◆ 熟悉角的特点,学会占角、守角、挂角方法 ◆ 学会认识官子,坚持下完整盘棋	◆ 加强抗挫能力培养,养成胜不骄、败不妥的精神 ◆ 能安静地下棋,较好地掌握下围棋的礼仪,有较强的观察能力 ◆ 熟悉双活棋形,掌握双活要点 ◆ 掌握正确的对杀、长气、紧气的方法 ◆ 了解撞气的危险,学会区别要子和废子 ◆ 了解强棋的作用并运用强棋作战及认识弱棋并学会加强自己的弱棋 ◆ 学会中盘连接技巧,会判断断点并利用断点作战 ◆ 掌握基本收官技巧,认真下完一盘棋
飞行棋区	◆ 认识飞行棋,能正确区分红、黄、蓝、绿色 ◆ 初步在棋类游戏中,进一步形成数守恒概念,能按骰子的点数走出相应的格数 ◆ 能进行颜色的一一对应,不同颜色的棋子,要走回同一颜色的"机场" ◆ 初步掌握飞行棋的游戏规则和玩法	◆ 进一步培养幼儿对棋艺活动的兴趣和解决实际问题的能力 ◆ 基本上掌握飞行棋的游戏规则和玩法 ◆ 能够尝试用先目测一部分再接着往下数的方法数数,提高数数能力 ◆ 愿意与同伴一起下飞行棋,培养幼儿团结合作的精神 ◆ 能正确看待输赢,会在游戏后进行收拾	◆ 通过自主选择活动材料与活动伙伴,体验与同伴合作游戏,并获得快乐 ◆ 加强抗挫能力培养,养成胜不骄、败不妥的精神。养成良好的收拾整理的习惯 ◆ 熟悉飞行棋的游戏规则和玩法 ◆ 能自觉收拾游戏材料,有较好的整理和收拾习惯

区域名称	3—4 岁	4—5 岁	5—6 岁
主题棋区	◆ 培养幼儿对棋类游戏的兴趣,通过玩主题棋,培养幼儿的安全意识、交通意识、环保意识 ◆ 知道棋类游戏必须要遵守游戏的规则,能初步按游戏规则下棋 ◆ 初步建立输赢的意识 ◆ 初步建立收拾习惯	◆ 在已有的棋谱上设计棋子,学习合作设计棋子新形象 ◆ 创新设计不同的骰子 ◆ 能掌握主题棋的游戏规则,与同伴按规则下棋 ◆ 能正确看待输赢 ◆ 养成良好的收拾习惯	◆ 尝试设计不同的棋子和棋谱,以增加游戏的乐趣。如故事棋、交通棋等 ◆ 开始能自由进行结组,商量制作棋盘的计划,并按照自己的计划认真的制作 ◆ 加强抗挫能力培养,养成胜不骄、败不妥的精神 ◆ 养成良好的收拾整理的习惯
混合棋区	◆ 大胆尝试认识不同种类的棋 ◆ 学习一些简单的益智游戏棋 ◆ 初步感受棋类游戏的规则性 ◆ 开始对游戏结果兴趣 ◆ 初步建立收拾习惯	◆ 根据自我发展水平,选取适合自己玩的游戏棋 ◆ 能掌握下棋的游戏规则,与同伴按规则下棋 ◆ 能正确看待输赢 ◆ 养成良好的收拾习惯	◆ 能专注、认真地探索游戏材料的玩法,培养幼儿的思维能力和操作能力 ◆ 加强抗挫能力培养,养成胜不骄、败不妥的精神 ◆ 养成良好的收拾整理的习惯 ◆ 能主动自觉收拾好游戏的材料

（二）棋艺区材料介绍

基于上述各年龄段幼儿的发展目标,结合不同的棋艺活动特性进行材料投放有不同的注意事项。分析如下:

各年龄段棋艺区所需材料

区中区名称	材料清单	投放说明		
		3—4 岁	4—5 岁	5—6 岁
围棋区	◆ 黑、白围棋棋子 ◆ 九路、十三路、十九路的围棋棋盘 ◆ 塑料小桌子（55 cm * 55 cm） ◆ 围棋西游记电脑软件 ◆ 自制户外围棋棋盘 ◆ 围棋练习题	不建议投放	不建议投放	◆ 大的黑、白围棋棋子 ◆ 十九路的围棋棋盘 ◆ 围棋练习题 ◆ 塑料小桌子（55 cm * 55 cm） ◆ 围棋西游记电脑软件 ◆ 自制户外围棋棋盘
飞行棋区	◆ 桌面飞行棋 ◆ 地毯飞行棋（100 cm * 100 cm） ◆ 户外真人版飞行棋（5 m * 5 m） ◆ 塑料小桌子（55 cm * 55 cm）	不建议投放	◆ 桌面飞行棋 ◆ 地毯飞行棋（100 cm * 100 cm） ◆ 塑料小桌子（55 cm * 55 cm）	◆ 桌面飞行棋 ◆ 地毯飞行棋（100 cm * 100 cm） ◆ 户外真人版飞行棋（5 m * 5 m） ◆ 塑料小桌子（55 cm * 55 cm）
主题棋区	◆ 故事棋 ◆ 数字棋 ◆ 环保棋 ◆ 健康棋 ◆ 礼仪棋 ◆ 科学棋	◆ 故事棋 ◆ 健康棋 ◆ 礼仪棋	◆ 故事棋 ◆ 数字棋 ◆ 环保棋 ◆ 健康棋 ◆ 礼仪棋 ◆ 科学棋	◆ 故事棋 ◆ 数字棋 ◆ 环保棋 ◆ 健康棋 ◆ 礼仪棋 ◆ 科学棋
混合棋区	◆ 益智游戏棋 ◆ 象棋 ◆ 斗兽棋 ◆ 跳棋 ◆ 记忆棋	◆ 益智游戏棋 ◆ 记忆棋	◆ 益智游戏棋 ◆ 记忆棋 ◆ 跳棋	◆ 益智游戏棋 ◆ 象棋 ◆ 斗兽棋 ◆ 跳棋 ◆ 记忆棋

（三）区中区材料介绍

1. 围棋区

小围棋

大围棋

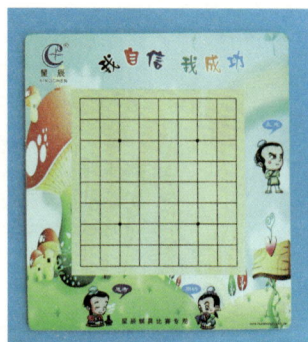

九路围棋棋盘

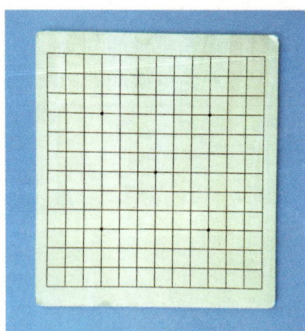

十三路围棋棋盘

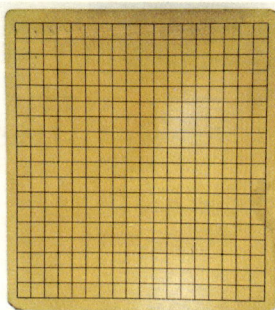

十九路围棋棋盘

围棋西游记电脑软件

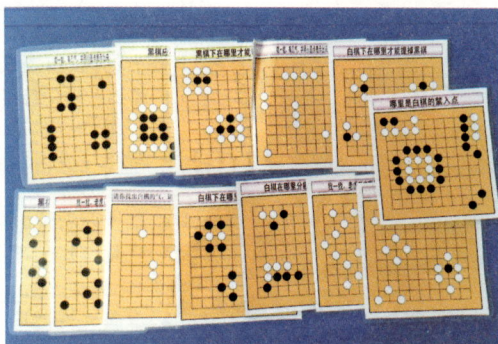

围棋练习题

围棋练习题

2. 飞行棋区

大飞行棋

地毯飞行棋

磁性桌面飞行棋

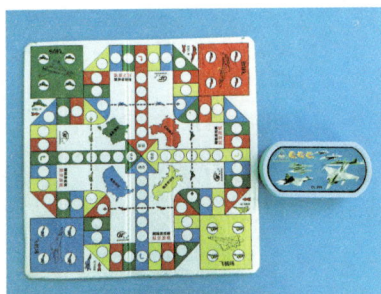

桌面飞行棋

3. 主题棋区

我爱幼儿园主题棋

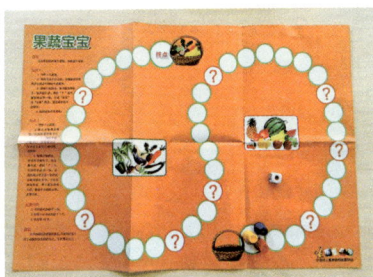

健康主题棋

健康主题棋①

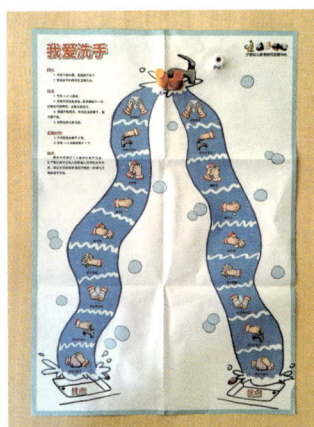

健康主题棋②

健康主题棋③

爱国主题棋

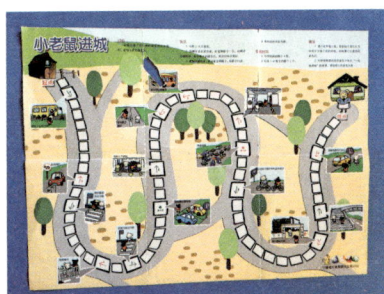

故事主题棋①

故事主题棋②

故事主题棋③

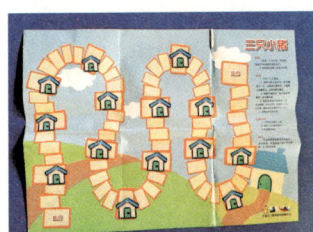

故事主题棋④

数学主题棋①

数学主题棋②

数学主题棋③

数学主题棋④

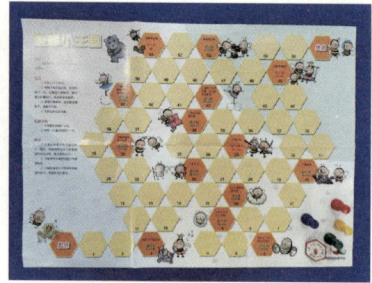

科学主题棋①

科学主题棋②

科学主题棋③

科学主题棋④

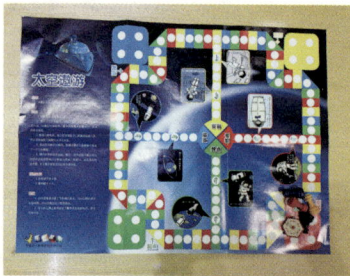

科学主题棋⑤

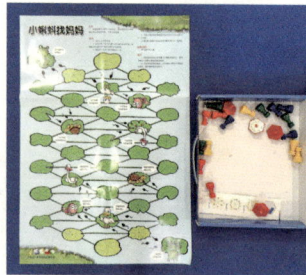

科学主题棋⑥

环保主题棋

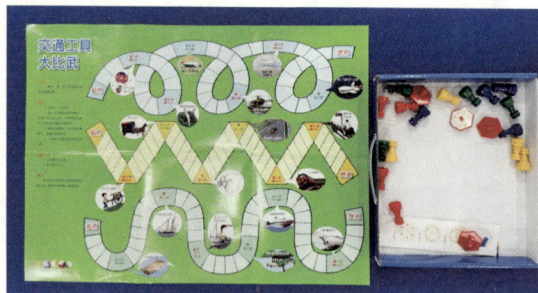

交通常识棋

4. 混合棋区

记忆棋

益智游戏棋①

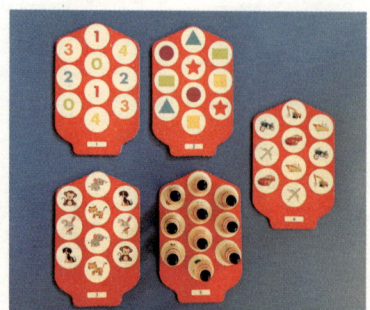

益智记忆棋②

益智游戏棋③

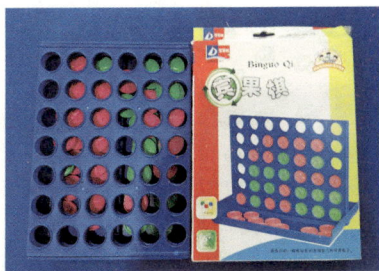

益智游戏棋④

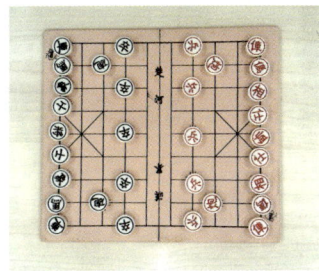

象棋

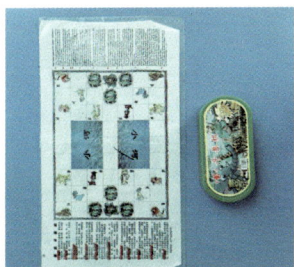

斗兽棋

五子棋

跳棋①

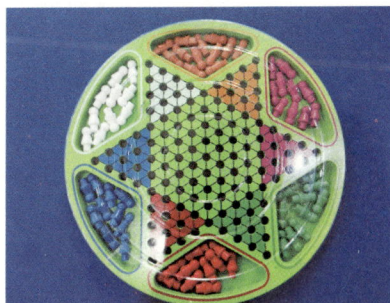

跳棋②

案例 13-1　大班棋艺区活动

【材料投放】

围棋区投放大围棋、围棋西游记电脑软件;飞行棋区投放桌面飞行棋、地毯飞行棋;主题棋区投放数字棋、故事棋;混合棋区投放跳棋、益智棋、斗兽棋等。

围棋区收纳柜

飞行棋区收纳柜

主题棋区收纳柜

混合棋区收纳柜

【活动过程】

西游记电脑版围棋

用大棋盘下围棋

用围棋练习题

下围棋

双人玩跳棋

5人玩跳棋

玩地毯飞行棋

玩斗兽棋

玩数字主题棋

玩故事主题棋

棋艺区游戏展示

思考题

1. 如何根据不同年龄段的幼儿投放棋艺区的材料?

2. 请为大班设计棋艺区,规划应包括区域布局图、活动目标、开设的区域、投放材料等内容。

区域十四　刺绣区环境的创设和指导

一、刺绣区布局

（一）语言区整体布局的原则

1. 光线充足，场地舒适

刺绣区考验幼儿的专注度和手眼协调的能力，所以一个光线充足且场地舒适的位置为创设刺绣区的首要条件，既能保证幼儿相互间的用针安全，也能容纳够多的幼儿参与其中。

刺绣材料

刺绣作品

2. 材料开放，种类繁多

刺绣区的创意源于民间工艺，刺绣活动能培养幼儿的审美能力及创造力。因此提供丰富多样且方便幼儿自主取放的材料也是一个重要的支持。在材料的支撑下营造出了浓厚的艺术氛围，也能在更大程度上激发幼儿的兴趣和创造力，并坚持完成自己的作品。

二、刺绣区材料投放

刺绣区的材料投放，教师要根据班级幼儿的年龄特点、喜好进行选取，注意材料是否具备层次性、多样性、开放性和安全性。

（一）常备硬件

椅子、区域柜、置物盘、作品架、线轴架、剪刀等。

（二）开放性材料

1. 不同尺寸的绣绷；
2. 各种颜色的细线，粗细不同的彩色丝带、布条；
3. 各类装饰性的珠子、亮片、扣子等；
4. 裁剪好的布、小方帕、绢扇、T恤等等。

（三）各年龄段刺绣区发展目标及所需材料

各年龄段刺绣区发展目标

	3—4 岁	4—5 岁	5—6 岁
表达	◆ 需要帮助时能表达自己的想法	◆ 愿意与他人分享自己的作品 ◆ 能基本完整讲述自己的设计思路 ◆ 遇到困难能使用礼貌用语求助他人	◆ 敢于在众人面前流畅地讲述自己的设计思路 ◆ 遇到困难时能说明原因，并总结出解决步骤 ◆ 能用较流畅的话语教授他人刺绣技巧

129

	3—4岁	4—5岁	5—6岁
小肌肉	◆ 了解并掌握穿针引线的方法 ◆ 知道左右手配合,能拿稳绣绷 ◆ 能保护好自己,安全使用针线	◆ 能用较为熟练的方法快速穿针引线,并学习打结 ◆ 能正确握好绣绷,并左右手协调地进行刺绣 ◆ 能保护好自己和同伴,安全使用针	◆ 能使用不同粗细的线和丝带进行穿针引线,并打结 ◆ 能手眼协调地进行刺绣活动 ◆ 能保护好自己和同伴,安全使用针
构图	◆ 知道从哪里起针,并随机绣出一些直线 ◆ 能按照自己的想法绣出一些图形和线条	◆ 挑选自己喜欢的图形并用丝带进行填充 ◆ 尝试使用颜色、粗细不一的丝带进行刺绣 ◆ 在刺绣作品上有加入其他装饰性材料的想法	◆ 能把生活中的刺绣知识用于自己设计刺绣的图案中 ◆ 对颜色、材料和绣法有自己的创造性 ◆ 能把刺绣的创意用在其他的活动之中,并表达清楚自己的想法

各年龄段刺绣区所需材料

3—4岁	4—5岁	5—6岁
◆ 绣绷、大号针 ◆ 丝带、剪刀 ◆ 布、珠片等	◆ 绣绷,大、中号针 ◆ 丝带、线、剪刀 ◆ 布、小方帕 ◆ 珠子、亮片等	◆ 绣绷,大、中、小号针 ◆ 丝带、线、笔、剪刀 ◆ 布、小方帕、绢扇 ◆ T恤、手袋 ◆ 珠子、亮片、花边、颜料等

刺绣材料

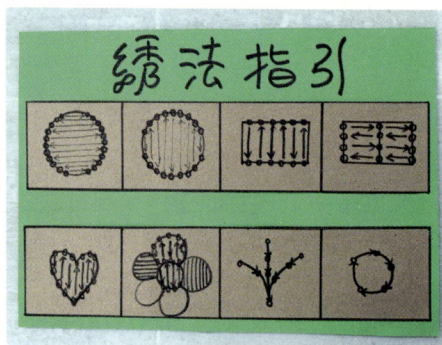

刺绣指引

刺绣区环境创设

案例 14-1　大班刺绣活动:全家福

毕业正在悄悄靠近,班级幼儿的节目也在准备着,班级的主题也在接近尾声。今天早餐后智雅拿着绣绷跑来跟我说:"汤老师,我们马上就要毕业了,也照了毕业照了,我觉得我们可以一起绣一幅大大的刺绣作品呀。"听到智雅这么一说,我脑袋里马上浮现出了一幅36个孩子加班级四位老师的别样的全家福,激动的我立刻问道:"我觉得你的想法非常好,那我需要为大家准备什么呢?""就给我们准备一块又大又长的布就好了,我们可以自己画自己的样子,老师也自己画自己,然后再绣上丝带、珠子等就可以了呀。"

赶紧和全班小朋友传达了智雅的这个超好的想法,立刻得到全班的赞同,大家餐后都会去把自己画好,然后开始抽出时间去用刺绣的方式完成各自的部分。令我惊讶的不是每一次擅长刺绣的那些女孩子,而是那些平常几乎不参与刺绣的男孩子们也纷纷投入其中,还非常积极,大家都按照自己的想法和设计进行刺绣,有珠绣的头饰和裙边,有整齐的丝带绣,还有别样的线绣。大家因为要在一块长4米、宽2米的大布上进行集体刺绣,所以很多时候你能看到有孩子脱了鞋子跪坐在桌子上,也有孩子挤在一块小心地绣着,每一个细节都那么地投入和令人感动。

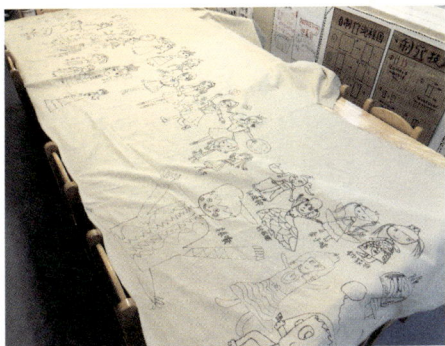

绘制刺绣图案

刺绣过程

刺绣过程①

刺绣过程②

　　在最后的环节孩子们还不忘一起提建议,加入一些颜料,把这幅让人叹为观止的"全家福"做到最好。在毕业舞台上,"全家福"在孩子们的自制服装秀的节目中进行了首次亮相,得到了满场喝彩,有了自己的一针一线地辛劳,这幅作品也有了不一样的生命,回忆满满!

刺绣作品展

大幅刺绣"全家福"

刺绣区活动

思考题

1. 刺绣区的环境创设如何做到真正让幼儿自主?
2. 如何将刺绣活动区"工匠化"? 且能让幼儿喜爱并不断创新? 举例说明。

区域十五 烹饪区环境的创设和指导

一、烹饪区布局

（一）烹饪区整体布局原则

1. 安全性原则

生活中的烹饪内容五花八门，用到的食材、工具也很多。从安全角度考虑，烹饪区要根据空间大小限制进区人数，并制定相应的进区规则。如：刀具等尖利物品要在老师的陪同下使用；每次烹饪活动最多只能用一个烤箱，以免造成电力负荷；不需要用电时把电源关掉等。确保每个孩子都明确并遵守进区规则。

2. 便利性原则

烹饪区因为经常要清洗加工食材和用具，且电器加工较多，因此最好选择在靠近水源、电源，通风良好并且便于出入的位置。

3. 卫生性原则

食材的储存、餐具的存放等既要便于幼儿取放，又要保证食品的卫生和安全。如面粉、白糖等要用密封罐分类储存并贴上标签；碗碟、勺子等餐具在使用前要清洗消毒；鸡蛋、蔬菜等食材要保证新鲜；要提供幼儿围裙、厨师帽、口罩等。

（二）区中区的布局

根据烹饪区的功能和操作程序，按空间布局可以分为更衣区、清洗区、加工区、分享区几个区中区。

1. 更衣区

为了保证操作过程的卫生，幼儿在进行烹饪活动之前要戴上围裙、袖套、厨师帽、口罩，必要时还需要戴上手套等。大班或者能力强的孩子，鼓励其自己穿戴；中班、小班或者能力弱的孩子，可以寻求同伴或成人的帮助。更衣区还可以提供穿戴流程图、镜子，以方便幼儿熟悉穿戴的流程和方法，对照镜子整理自己的着装。更衣区适宜设置在靠墙的角落，提供挂钩挂围裙，提供透明储物盒放置袖套、厨师帽、口罩、手套等。

戴头巾

戴口罩

2. 清洗区

清洗区应该设置在有水源的地方，清洗工具和洗涤容器要方便幼儿取放。墙上张贴不同物品的清洗方法步骤图，以便于幼儿对照步骤图完成自己的清洁任务。小小的清洗环节隐含着很多学问，幼儿在清洗的过程中逐渐积累粗浅的生活经验，为日后独立生活打下基础。

3. 加工区

幼儿园的烹饪活动内容广泛，根据加工对象的不同可以划分为蔬菜类、水果类和点心类。加工区可以设置在靠墙的地方，也可以由两张小桌子拼在一起作为加工区。食材和器具分开摆放，榨汁机、蒸汽机、烤箱等电器设备要贴上"需在老师的监护下操作"的警示标签。

清洗区实景

加工区实景1

加工区实景2

4. 分享区

分享区的布置要像家一样温馨，可以由长桌或者由2—3张小方桌组成。桌上可以铺上雅致的小桌布、桌垫，提供小花瓶、鲜花，以增添情趣，让幼儿带着美好的心情分享美食、交流烹饪过程的心得体验。

分享区实景

烹饪区环境创设

二、烹饪区材料投放

幼儿天性好奇、爱模仿，"妈妈的厨房"往往是孩子最向往的地方。烹饪题材的选择有两个原则，第一是贴近幼儿的生活经验，第二是符合幼儿的年龄特点。选择烹饪活动的题材，要从幼儿感兴趣的食物出发，取材便利，使用的烹饪器具相对简单。小班幼儿能够完成团圆、压扁、搓、捏、印等动作，可以安排"做汤圆""压土豆泥""印饼干"等活动；中、大班幼儿随着动作技能的提高，可以逐渐尝试洗菜、择菜、打蛋、切水果、包饺子等更多综合性的活动。总体来说，烹饪过程还是要简单为宜，不适合做高难度的煎炒、焖煮、油炸等活动。若有超出幼儿能力范围或基于安全考虑的因素，某些工作可以在教师的监护和辅助下完成。

（一）工具

主体材料：桌子、椅子、桌布（桌垫）、橱柜、区架、水源、洗手盆、托盘、冰箱等。

餐具：碗、勺、碟子、叉子、杯子、盘子、筷子等。

加工器具：电子秤、模具、刀具、刮刀、漏勺、豆浆机、榨汁机、电动打蛋器、手动打蛋器、削皮器、砧板、擀面杖、寿司帘、微波炉、蛋糕机、空气炸锅、烤箱等。

其他材料：围裙、口罩、袖套、清洁布、垃圾桶、糖果纸、包装盒等。

（二）食材

1. 蔬菜类：生菜、小黄瓜、西红柿、西洋菜、木瓜等。

2. 水果类：葡萄、提子、芒果、苹果、香蕉、西瓜、哈密瓜、橙子等。

3. 点心类：鸡蛋、牛奶、酸奶、淡奶油、面粉、糯米粉、蛋糕粉、西米、巧克力、吉利丁片、饼干、桂花酱、白糖等。

4. 其他：黄豆、黑豆、花生、核桃、干果等。

（三）各年龄段烹饪区发展目标及所需材料

各年龄段烹饪区发展目标

	3—4 岁	4—5 岁	5—6 岁
知识	◆ 认识常见的蔬菜、水果的颜色和外形特征 ◆ 认识常见的烹调用具，能说出名称	◆ 认识更丰富的食材，懂得基本的烹调用具 ◆ 初步了解食物的营养价值	◆ 能区分食材的类别，了解电子秤、空气蒸锅等工具的使用方法 ◆ 初步懂得食物的营养和搭配
技能	◆ 学习印、卷、舀、团圆、按压、搅拌、平铺等基本动作要领，在成人的协助下参与食物的制作过程	◆ 学习切、压、包、聚拢、封口等动作要领，主动参与食物的制作过程 ◆ 尝试使用常见的烹饪工具	◆ 能熟练掌握捏、抹、打蛋、削皮等动作要领 ◆ 较熟练地掌握烹饪器具的使用方法
情感	◆ 对烹饪活动感兴趣，乐意动手参与 ◆ 感受合作与分享带来的乐趣，愿意多吃蔬菜、水果	◆ 能初步说出食材和制作过程，乐意与同伴交流制作的过程与方法 ◆ 知道均衡膳食的重要性，不偏食、不挑食	◆ 能用较连贯的语言描述事物的制作过程，乐意用图画、自制小书等表征方式记录和表达制作的过程及体验 ◆ 初步懂得食物的营养价值，养成健康饮食的好习惯

各年龄段烹饪区所需材料

	3—4 岁	4—5 岁	5—6 岁
工具	模具、塑料刀、漏勺、豆浆机、榨汁机等	模具、塑料刀、陶瓷刀、刮刀、漏勺、电子秤、手动打蛋器、豆浆机、榨汁机、蛋糕机、烤箱等	模具、塑料刀、陶瓷刀、刮刀、漏勺、电子秤、削皮器、擀面杖、寿司帘、手动打蛋器、豆浆机、榨汁机、蛋糕机、微波炉、烤箱等
食材	◆ 苹果、葡萄、芒果、香蕉、西瓜 ◆ 鸡蛋、牛奶、酸奶、白糖、黄豆、黑豆、花生、核桃等	◆ 苹果、葡萄、芒果、香蕉、西瓜、木瓜 ◆ 鸡蛋、牛奶、酸奶、白糖、黄豆、黑豆、绿豆、红豆、花生、核桃、面粉、蛋糕粉、西米、巧克力、饼干、花、桂花酱、蓝莓酱 ◆ 西红柿、小黄瓜等	◆ 苹果、葡萄、芒果、香蕉、西瓜 ◆ 鸡蛋、牛奶、酸奶、白糖、黄豆、黑豆、绿豆、红豆、花生、核桃、面粉、蛋糕粉、西米、巧克力、饼干、花、桂花酱、蓝莓酱 ◆ 生菜、西洋菜、白菜等

（四）区中区材料介绍

1. 更衣区

幼儿围裙

头巾

袖套

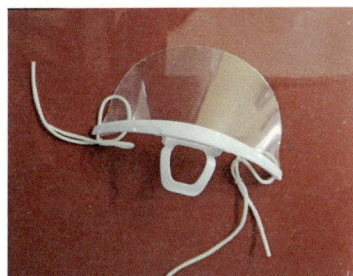

口罩

2. 清洗区

钢丝球

清洁抹布

洗洁精

毛刷

3. 加工区
(1) 工具

烤箱

空气蒸锅

漏勺

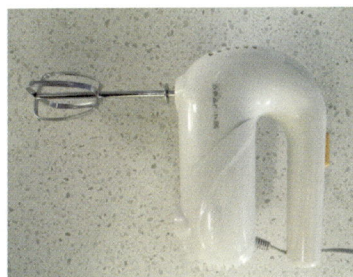

电动打蛋器

（2）食材

小黄瓜

西红柿

橙子

豆类、花茶

4. 分享区

小植物

桌垫

案例 15-1　大班烹饪活动：南瓜派

【活动目标】

1. 学习看制作流程图，自己动手制作南瓜派；

2. 掌握南瓜派的基本制作技能；

3. 愿意与同伴分享劳动成果，体验自我服务带来的乐趣和成就感。

【活动准备】

1. 食材：小南瓜 1 个（1 斤左右，蒸熟）、酥皮 1 包、白糖 1 两、鸡蛋 1 个、果酱。

2. 工具：大碟子 3 个、大碗 1 个、软胶垫 10 张。

【操作要点】

1. 观察制作南瓜派的流程图，准备相应的食材和工具；

2. 根据南瓜派制作流程图，相互合作，逐步进行制作；

3. 在老师的协助下，把南瓜派放进烤箱；

4. 交流制作过程,分享劳动果实。

【指导建议】

1. 添加到酥皮上的南瓜泥要适量,不能太多也不能太少;

2. 把少量的鸡蛋液抹在酥皮四周,以便两张酥皮能粘得更牢;

3. 放入烤箱前,在南瓜派上轻轻切几刀有助于南瓜派在烤箱中受热均匀。

【观察记录】

1. 哲哲和宸宸端来老师蒸好的南瓜,有了做南瓜饼的经验,这一次俩孩子明显淡定了很多,一只手扶住碗,一只手拿着勺子,几下功夫,一盘南瓜片被压成了南瓜泥。

压南瓜泥

2. 等南瓜泥压好后,嘟嘟和昊昊自发组合成了一队,俩人商量着一人切酥皮,一人往酥皮上面添加南瓜泥。

切酥皮

添加南瓜泥

3. 一旁的暖暖独自一人在操作着,她舀了一勺鸡蛋液,抹在酥皮的四周,然后将两张酥皮粘贴在一起,防止南瓜泥溢出来。

4. 嘉嘉和航航发现酥皮没包好,俩人用手指在做好的南瓜派四周按了按。

抹蛋液

四周按实

5. 为了烤的时候让南瓜派受热均匀,元元在南瓜派上切了几刀。

切几刀

6. 南瓜派做好了,小朋友在老师的协助下把南瓜派送进烤箱,烤 8 分钟就可以吃啦!

【活动评价】

幼儿已经具有制作南瓜派的经验,在这一次自主制作的过程中,流程图起到了很重要的作用。根据流程图的提示,幼儿清点所需材料并一步一步完成了制作过程。把鸡蛋液抹在酥皮四周,烤之前在南瓜派上切几刀,这些细节均体现了幼儿前经验的积累和对生活的细心观察。"给我一个支点,我可以翘起整个地球",教育就是给孩子搭建一个又一个脚手架,帮助孩子跳得越来越高的过程。

案例 15-2 中班烹饪活动:番茄拼盘

【活动目标】

1. 学习制作番茄拼盘,知道切番茄可以有不同的方法;
2. 能发挥自己的创意把番茄拼成美丽的图案;
3. 感受番茄拼盘的美,体验动手制作带来的成功感。

【活动准备】

1. 食材:大番茄 4 个、小番茄若干、糖若干、青瓜两根、蔓越莓干若干。
2. 工具:碗、水果刀、大勺子、小勺子、案板、玻璃碟。

【操作要点】

1. 把大番茄、小番茄、青瓜洗净沥干备用;
2. 用刀把大番茄切成四份,但底部不要切断,然后往外拉。小番茄用刀斜切一刀,只取顶部,从中间剖开,再把小番茄拼成红心;
3. 把青瓜对半切开,再切片;
4. 把大番茄、小番茄、青瓜片按自己想象的主题摆好,放入蔓越莓干点缀,用勺子舀一点糖均匀洒在番茄上。

【指导建议】

1. 切的时候要扶稳番茄,同时避免切到手;
2. 大胆想象拼盘的主题,体现层次感和美感。

【观察记录】

孩子们把手洗干净,然后把大番茄、小番茄、青瓜洗净沥干。老师示范用水果刀切番茄的方法。

老师示范

切番茄

晴晴："好难哦！我好怕切到手！"
睿睿："一定要用手扶稳番茄才行。"

尝试切大番茄

切小番茄

小语："老师，我成功了！其实不难的，手要扶稳，要很专心！"

切青瓜

把青瓜切成片

浩浩："切青瓜很简单啊！这我早就会了！你们看，我切的每一块都一样大吧（很得意）？"

拼盘

发挥创意

圆圆："我拼一个小池塘，里面有很多荷叶，小青蛙可以在荷叶上跳舞。"

想想："我拼的是花园，这个大番茄是喷水池，小番茄是小花，青瓜是小草，蔓越莓干是小甲虫。"

展示成品　　　　　　　　　　　　分享劳动成果

【活动评价】

处理番茄对于幼儿来说是很有挑战性的，在观察老师示范和亲自尝试的过程中，幼儿总结出"要扶稳""要专心"。在拼盘时，幼儿充分发挥了自己的创意，并乐于向同伴分享和表达自己的想法。后续活动可以适当增添不同类型的蔬果食材，支持幼儿进行创意美食制作。

烹饪区活动

思考题

1. 烹饪区的布局应该遵循哪些原则？

2. 如何根据幼儿的年龄特点投放烹饪区材料？

区域十六　种植区环境的创设和指导

一、种植区布局

(一) 种植区整体布局的原则

1. 室内与户外区分

根据植物的习性和生存环境将种植区分为室内区域和户外区域,以便植物的生长和幼儿对植物习性、气候关联的观察与发现。如向日葵喜阳,可以把向日葵种植在户外种植区;绿萝喜阴,可以把绿萝种植在室内走廊的种植区。

2. 土培与水培区分

根据培育方式的不同将植物区分为土培区和水培区,以便观察、发现不同植物的习性,然后采用不同的培育方式,或者同一植物使用不同的培育方式,观察其生长过程、特点是否有不同,如绿萝、万年青等。

3. 观赏花卉与蔬果区分

根据功能及特点将植物区分为观赏区和蔬果区,可供幼儿观察、发现不同植物会因为外形、特点的不同有不同的价值等,如花卉的观赏价值、土豆的可食价值。

室内种植区　　　　　　　　　户外种植区

(二) 区中区的布局

1. 观赏区(观赏、制作、分享);
2. 观察记录区(观察、发现、记录);
3. 养护区(种植、清洁、浇水、施肥、修剪);
4. 治疗区(植物医院、虫害消杀);
5. 工具区(分类、整理)。

种植区环境创设

二、种植区材料投放

种植区的材料投放,教师要根据季节、气候特点、幼儿的年龄特点、兴趣爱好及主题活动进行选取,注意材料是否具备安全性、多样性和生活化。

(一) 固定设备

桌子、椅子、区域柜、置物盘、花架、适宜空间。

(二) 可选材料

1. 观赏区:常见植物、花卉图书、相机、绘画纸、彩笔、胶水、花泥、花瓶;

2. 观察记录区：放大镜、记录表、尺子(含软尺及其他自然测量工具)、铅笔或符号笔；

3. 养护区：喷壶、抹布、剪刀、花肥；

4. 治疗区：手套、口罩、消杀药品(必须在成人的监护下将有虫害的植物迁移至隔离开的治疗区,由成人负责进行消杀,幼儿仅观察其过程)；

5. 工具区：花盆、小铲子、小锄头、喷壶(含软尺及其他自然测量工具)；

6. 装饰：藤蔓等绿植、图片、动植物模型、鹅卵石、小乌龟、小蝌蚪、小金鱼。

（三）各年龄段种植区发展目标及所需材料表

各年龄段种植区发展目标

3—4 岁	4—5 岁	5—6 岁
◆ 认识常见的植物,能注意并发现周围的植物是多种多样的 ◆ 对感兴趣的植物能仔细观察,发现其明显特征 ◆ 能用多种感官或方式方法对植物进行探索 ◆ 能爱护并照顾身边的植物 ◆ 初步了解植物和人们生活的关系	◆ 喜欢接触自然中的各种植物,经常问一些与植物有关的问题 ◆ 常常观察、发现植物的特征、生长和变化,并乐在其中 ◆ 能对植物的外形进行观察比较,发现其相同与不同 ◆ 能根据观察、比较的结果发现问题,并尝试解决问题 ◆ 能用图画或其他符号对观察结果进行记录,并乐于与他人分享 ◆ 能感知和发现植物的生长变化及其基本条件 ◆ 能感知环境、气候对植物生长的影响,了解植物和人们生活的关系	◆ 对自然界中自己感兴趣的问题刨根问底,探索中有所发现时感到兴奋和满足 ◆ 能经常动手、动脑寻找问题的答案,并能通过观察、比较与分析,发现并描述不同种类植物的特征或前后的变化 ◆ 在成人的帮助下能制定简单的调查计划并执行 ◆ 能用数字、图画、图表或其他符号记录观察结果 ◆ 在探究中能主动与他人合作与交流 ◆ 能察觉到植物的习性与气候、生长环境的适应关系 ◆ 能发现常见植物的结构及其功能之间的关系 ◆ 了解人们的生活与植物、自然环境的密切关系,知道尊重和珍惜生命,保护环境

各年龄段种植区所需材料

3—4 岁	4—5 岁	5—6 岁
◆ 放大镜、相机 ◆ 植物花卉图书 ◆ 绘画纸、彩笔 ◆ 喷壶、抹布 ◆ 种子、花盆、花泥、花瓶	◆ 放大镜、相机 ◆ 植物花卉图书 ◆ 绘画纸、彩笔、记录表、符号笔 ◆ 剪刀、小铲子、小锄头、喷壶、抹布 ◆ 花盆、种子、花泥、花瓶、花肥	◆ 放大镜、相机 ◆ 植物花卉图书 ◆ 绘画纸、彩笔、记录表、符号笔、铅笔 ◆ 剪刀、小铲子、抹布、喷壶、小锄头、手套、尺子(含软尺及其他自然测量工具) ◆ 花肥、花盆、种子、花泥、花瓶

案例 16-1 大班种植活动：红红的番茄

【活动目标】

1. 了解种番茄的基本方法和步骤,学习给植物施肥的方法；

2. 能用各种方法记录番茄生长的情况；

3. 关注植物的生长过程,培养保护环境的意识。

【活动准备】

1. 选择外表饱满、无霉烂和虫洞的番茄籽；

2. 根据盆的大小来选择播撒番茄籽,密度太大不利于番茄苗的生长；

3. 提供环保的有机肥料,利于植物生长和幼儿健康。

播撒番茄籽

移植番茄苗

日常观察

结出果实

收获

4. 组成材料：番茄籽、小盘、花盆、水壶、记录单、笔、有机肥料。

【活动过程】

1. 选择适量的番茄籽；

2. 将番茄籽种在花盆里，浇适量的水；

3. 观察番茄籽如何顶破泥土，钻出地面，慢慢长出小苗、叶子；

4. 看一看，番茄的叶子是什么形状的？ 数一数，番茄苗长了几片叶子？

5. 番茄开花了。

【指导建议】

1. 指导幼儿定期将观察的结果用自己喜欢的方式记录到观察记录表中；

2. 操作中引导幼儿浇水时注意对量的把握；

3. 番茄的生长期较长，鼓励幼儿耐心地等待与观察；

4. 提醒幼儿施肥时戴上手套，施肥量合适。

【活动延伸】

1. 将番茄苗移栽到宽阔的土地中，等待收获；

2. 可到农场去体验种菜、种粮食的乐趣。

案例 16-2　小班种植活动：豆宝宝发芽了

【活动目标】

1. 初步了解种植的简单方法，知道豆类生长的基本规律；

2. 激发对种植活动的兴趣，体验种植的乐趣；

3. 能用语言大胆讲述自己的种植经验。

【活动准备】

1. 选择优质豆类种子，根据花盆大小来选择种子的数量；

2. 选择适宜豆豆生长的土壤；

3. 种植活动适宜在教室的阳台或幼儿园种植园地进行；

4. 组成材料：豆类种子、小盆、花盆、水壶、土壤、植物生长记录表、笔。

【活动过程】

1. 取适量豆类种子，放在盆里用水浸泡至膨胀；

2. 将种子栽种到花盆中，填上适量的泥土；

3. 观察种子破土而出、慢慢发出小芽、长出新叶子的过程；

4. 用绘画、拍照或文字记录的方式，记录种子的生长变化；

5. 学习用尺子测量秧苗的高度变化。

浸泡豆子、喷水　　　　　　　　观察写生

〈豆宝宝发芽了〉观察记录

【指导建议】

1. 花盆大小与种子的数量相适宜；

2. 教师引导幼儿给豆宝宝定期浇水、晒太阳；

3. 操作中引导幼儿浇水时注意量的把握，避免干枯或浸泡的现象。

【活动延伸】

1. 根据幼儿的年龄和能力发展水平，开展不同难度的种植活动，比如，年龄小的孩子种蒜头、葱头，年龄大的孩子植树、种菜等；

2. 记录方式从简单直接的绘画形式，到相对复杂的图文并茂形式。

案例 16-3　小班种植活动：绿绿的蒜苗

【活动目标】

1. 了解种植的基本方法和步骤，知道蒜苗与人们生活的关系；

2. 养成持久、细心的观察习惯；

3. 对种植活动感兴趣，乐意参加种植活动。

【活动准备】

1. 选择大小适中的蒜头，无腐烂和损坏；

2. 选择适宜的土壤和花盆；

3. 组成材料：蒜头、小盘、花盆、水壶。

【活动过程】

1. 选取适量的蒜头；

2. 准备花盆和泥土，挖小坑，把蒜头种进泥土中，浇水至泥土湿润；

3. 观察蒜头慢慢涨开，破出表皮，长出嫩绿的小芽；

4. 定期给小蒜苗浇水，让其汲取足够的水分，快快生长；

5. 观察绿芽慢慢长成嫩绿的蒜苗。

【指导建议】

1. 种植时，教师要引导幼儿将蒜头朝下，不宜埋得过深；

2. 引导幼儿浇水时注意量的把握；

3. 提醒幼儿在观察时不要用手触碰蒜苗。

【拓展延伸】

鼓励幼儿在家中参与种植活动，观察花卉植物的生长。

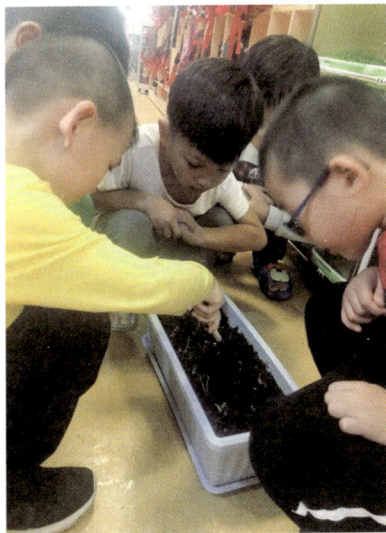
种蒜头

种植区活动

思考题

1. 种植区的环境创设需要遵循哪些原则？

2. 假设你是一名幼儿园中班教师，当你设计种植区时会选择哪些材料？为什么？

区域十七　茶艺区环境的创设和指导

一、茶艺区布局

（一）茶艺区整体布置的原则

1. 与安静的区域为邻

茶艺是较为安静的活动，位置选择最好能与安静的区域为邻。例如茶艺区右边是快乐餐厅，中间用纱幔隔开，两个区域互不干扰又同有欢声笑语。茶艺区左边是花艺区，美与安静的代表，为茶艺区增添了一份安逸的美。另茶艺区靠近饮水机及卫生间，方便幼儿接水泡茶及清洁茶具。

2. 提供宽敞、舒适的活动空间

茶艺区因摆放较多的茶具，需要一个较大的空间，区域大小能容纳一张茶几、四个陈列架，且容纳五人左右，三人泡茶，两人下棋。

3. 提供方便取放又古朴大气的置物架

一是选择节省空间、富有艺术性的置物架，营造茶韵的氛围。二是置物架的高度应保证幼儿取放材料方便。

（二）茶艺区的布局

1. 前期

由几个三层的复古架子组成即相对独立又不封闭的茶艺区，三层架子较矮，摆放不同的茶具和茶叶，幼儿取物方便。中间摆放一张矮茶几，茶几上摆放中国围棋和一套茶具，花艺黑板上写上茶艺区的标志和规则，简单易懂。整个茶艺区的布局优雅、宽敞、明亮，让幼儿在茶艺区轻松、舒适、愉悦。

幼儿可在茶艺区自由选择茶具，自由选择茶叶，与同伴一起品茶、下棋。

茶艺区的整体布局

茶桌和蒲席

陶瓷茶具

盖碗茶具

玻璃壶茶具

玻璃杯茶具

茶叶罐

煮水壶

各类茶叶

泡茶辅助工具（茶巾、水盂、茶荷、茶夹）

中国围棋

简洁大方的落地灯

2. 后期

（1）基于孩子的兴趣和对茶文化的掌握程度，增加茶具类型，如点茶茶具，紫砂壶茶具。

（2）根据孩子的学习和对茶文化的掌握，假设一个小舞台，播放与茶相关的音乐，如《采茶曲》或其他民族特色的采茶舞曲，使茶艺区成为可以进行茶艺表演、品茶和观看/表演采茶舞曲的综合性"茶馆"，在这个过程中传承茶文化、加强民族团结和形成礼仪。

点茶茶具

紫砂壶茶具

3. 花艺区

花艺区是茶艺区的延伸，是茶艺区不可缺少的一部分。花艺区是幼儿鉴赏花、插花和制作各种干花的地方。花艺区在茶艺区旁边，既温馨又在茶艺区高雅的氛围衬托下更有情调。花艺区有两张马卡龙色的皮凳子和一张白色的小圆桌，简单又大方，提供各种瓶子供幼儿选择，幼儿可持花艺剪刀，修剪花枝，摆弄造型，既可以与同伴低声交谈又可以独自创造美。

茶艺区
环境创设

插花花束1

插花花束2

日式小原流插花花器1

日式小原流插花花器2

日式小原流插花花器3

日式小原流插花花器4

各式透明花瓶

花饰和干花

花筒

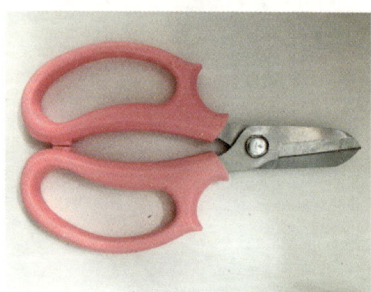

花剪

幼儿日式小原流插花过程

幼儿插花作品

二、茶艺区材料投放

茶艺区的材料投放应根据幼儿的发展和地区气候特点以及各种茶叶特质而定。

茶富含多种物质,适量饮茶能增进食欲,促消化。由于幼儿年龄尚小,不宜饮过浓的茶,饮茶要适量,饮茶后要及时漱口,以免茶色染牙。因此幼儿每日进茶艺区有时间和人数的限制,保证每个人每个月都来过一次茶艺区,同时引导幼儿泡茶时要放适量的茶叶,不能多放。幼儿初学茶艺,主要学习的是礼仪,因此前期只为幼儿提供温水泡茶,保证安全的同时避免茶水过浓。

六大茶类介绍

茶类	发酵程度	习性	饮用季节	代表名茶
绿茶	不发酵	性寒	夏天	龙井茶、庐山云雾、信阳毛尖、碧螺春等
白茶	微发酵	性凉、性平	夏天、秋天	白毫银针、白牡丹等
黄茶	轻发酵	性寒	夏天	君山银针、蒙顶黄芽广东大叶青等
乌龙茶	半发酵	性平	秋天	铁观音、单从、高山乌龙等
红茶	全发酵	性温	冬天	大红袍、正山小种、英红等
黑茶	后发酵	性温	冬天	普洱、六堡茶、安化黑茶等

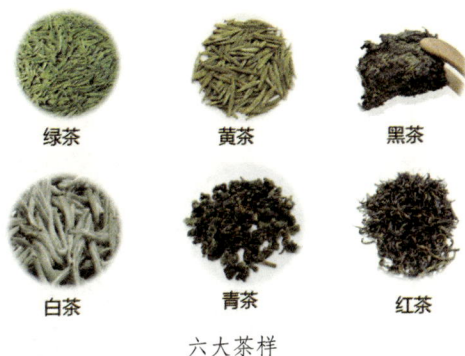

六大茶样　　　　　　　　　　　　六大茶类特质

茶艺区材料清单

各类茶具	茶叶(可选)	其他(可选)
玻璃杯	英红九号	围棋一套
紫砂壶	祁门红茶	茶桌一张
盖碗	正山小种	蒲席 6 张
玻璃壶	茉莉花茶	煮水壶一个
	普洱茶	茶船一个
	罗汉果	小音响一个
	铁观音	插花工具若干
	……	

案例 17-1　中班茶艺区活动

【材料投放】

主要材料：一个茶席、六张蒲席、一套紫砂壶、一套茶船、一个茶叶罐、一个煮水壶、一罐英红九号、一壶 40 度左右的温水。

辅助材料：茶席上的插花、一首《静水流深》乐曲。

【活动过程】

备具

洁具

投茶

注水

分茶

双手奉茶

品茶

清洗茶具

茶艺区活动

思考题

1. 如何根据不同年龄段的幼儿有层次地投放茶艺区的材料?

2. 请为中班级设计茶艺区,规划应包括区域布局图、活动目标、投放材料等内容。

图书在版编目(CIP)数据

幼儿园区域环创指导/王秋主编. —上海：复旦大学出版社，2020.5（2023.12重印）
ISBN 978-7-309-14987-6

Ⅰ.①幼…　Ⅱ.①王…　Ⅲ.①幼儿园-环境设计-幼儿师范学校-教材　Ⅳ.①G617

中国版本图书馆 CIP 数据核字(2020)第 059848 号

幼儿园区域环创指导
王　秋　主编
责任编辑/黄　乐

复旦大学出版社有限公司出版发行
上海市国权路 579 号　邮编：200433
网址：fupnet@ fudanpress.com　http://www.fudanpress.com
门市零售：86-21-65102580　　团体订购：86-21-65104505
出版部电话：86-21-65642845
上海四维数字图文有限公司

开本 890 毫米×1240 毫米　1/16　印张 10　字数 331 千字
2023 年 12 月第 1 版第 3 次印刷
印数 9 201—12 300

ISBN 978-7-309-14987-6/G·2100
定价：39.00 元